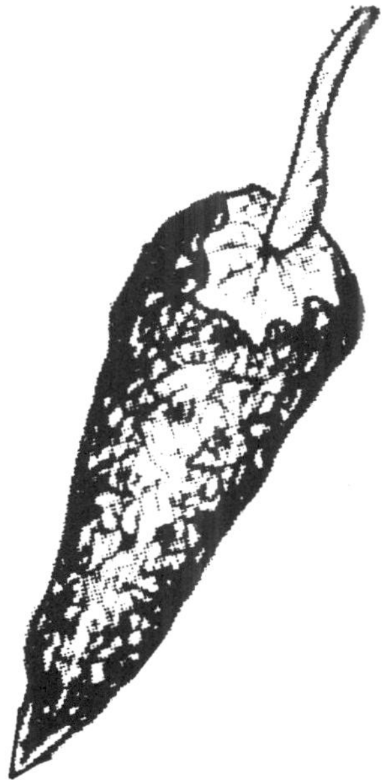

LA COCINA MEXICANA DE SOCORRO Y FERNANDO DEL PASO

TEZONTLE

LA COCINA MEXICANA DE SOCORRO Y FERNANDO DEL PASO

Recetas de
SOCORRO DEL PASO

Textos e ilustraciones de
FERNANDO DEL PASO

FONDO DE CULTURA ECONÓMICA

Primera edición, 2016

La cocina mexicana de Socorro y Fernando del Paso / recetas de Socorro del Paso ; texto e ilus. de Fernando del Paso. – México : FCE, 2016
327 p. : ilus. ; 21 × 14 cm – (Colec. Tezontle)
Nota: versión en español de Douceur et passion de la cuisine mexicaine
ISBN: 978-607-16-4419-0

1. Cocina mexicana 2. Recetario – Cocina mexicana I. Paso, Socorro del, recetas II. Paso, Fernando del, textos e ilus. III. Ser.

LC TX716.M4 Dewey 641.5972 P536c

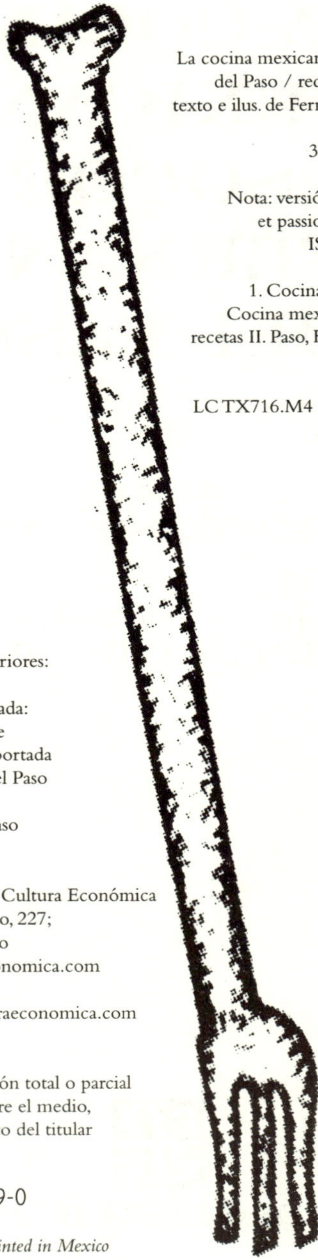

Distribución mundial

Diseño de portada e interiores:
Alejandro Magallanes
Fotografía de contraportada:
© José Hernández-Claire
Ilustraciones de camisa, portada
e interiores: Fernando del Paso

Carretera Picacho-Ajusco, 227;
14738 Ciudad de México
www.fondodeculturaeconomica.com
Comentarios:
editorial@fondodeculturaeconomica.com
Tel. (55) 5227-4672

ISBN 978-607-16-4419-0

Impreso en México • *Printed in Mexico*

Para Guadalupe Castillo Meré de Quijano,
mamá de Socorro.
Para nuestros hijos:
Fernando, Alejandro, Adriana, Paulina.

NUESTRO LIBRO DE COCINA

Digo *nuestro* libro de cocina, pero en realidad es mucho más de mi esposa, Socorro, que mío, ya que de ella son todas las recetas y todas las cocinó, absolutamente *todas,* cuando vivíamos en París. Yo me limité a escribir los textos, pero los textos, por buenos que sean, no se comen. El mérito es, pues, de ella.

El título original del libro, escrito en Francia para los franceses, era *Douceur et passion de la cuisine mexicaine* —literalmente: Gentileza y pasión de la cocina mexicana—, porque queríamos hacerle ver a los franceses que la cocina mexicana no es tan picante ni tan agresiva como suele creerse.

Por otra parte, les advertimos que la cocina chicana o texmex, por respetable que sea, no es cocina mexicana —aunque deriva de ella y en buena parte hereda su talento— y que el problema es que esa cocina viaja por el mundo con pasaporte falso, haciéndose pasar por mexicana.

Por otra parte, para la edición mexicana hemos agregado cerca de veinticinco recetas, ya que, aunque en Francia se consiguen muchos ingredientes, más de los que uno se imagina, no se consiguen todos.

Aun así, creo que sobra decir que este libro *no* es sobre *toda* la cocina mexicana, que es, como todos lo sabemos, inabarcable.

Buen apetito y buen provecho.

Socorro y Fernando del Paso

PREFACIO

I
El día que duró cuatro siglos

En 1492 Cristóbal Colón se tropezó con América.

Colón sabía que el mundo era redondo. Lo que no sabía es que se iba a encontrar un continente a la mitad del camino a las Indias.

Este encuentro fortuito fue resultado de una aventura financiada por los Reyes Católicos Fernando e Isabel que, de cualquier manera, no obedecía al deseo de ampliar los horizontes reales e imaginarios del hombre europeo: sus objetivos tenían más que ver con el estómago que con el espíritu.

O digamos, mejor, con el paladar.

Todo el mundo conoce —o debería conocer— la gran importancia que ha tenido, en la historia de la humanidad, aquello que ha servido para aumentar o poner de relieve el sabor de nuestros alimentos, que lo mejora, lo cambia o incluso que lo disimula u oculta.

No en balde la palabra *salario* viene de *sal.*

Tampoco es coincidencia que en francés pagar al contado se diga pagar en especie, puesto que antes se pagaba con especias.

Ni que se llame "especies sacramentales" a los "accidentes de olor, color y sabor" que quedan en el Sacramento después de la transustanciación del pan y el vino en el cuerpo y la sangre de Cristo.

A nadie extraña, puesto que las especias eran sagradas: Toussaint-Samat, en la *Histoire naturelle et morale de la nourriture,* nos cuenta que la emperatriz romana Livia hizo construir un templo alrededor de un trozo de canela.

Y Janet Long-Solis, autora de un magnífico estudio sobre la historia del chile, afirma que, en el siglo XIV, una libra de nuez moscada costaba, en Alemania, lo mismo que siete bueyes.

En una Europa así, donde se consideraba indispensable cocinar con gran profusión de especias y no sólo las ya mencionadas, además de la clásica pimienta y el codiciado clavo: también con la perfumada lavanda originaria de los países mediterráneos, el azafrán que los árabes llevaron a España, el jengibre que los persas le dieron a los griegos y el laurel cuyas hojas había que arrancar de la corona del dios Apolo, en una Europa así, decíamos, la caída de Constantinopla en manos de los turcos en 1453, y con ella la clausura del camino más corto al Oriente, paraíso de las especias, constituyó una verdadera catástrofe.

Fue entonces cuando Colón propuso llegar a las Indias por el otro lado del mundo, y se encontró con América.

América, sin embargo, no resultó rica en especias, y en ese sentido no tenía mucho que ofrecer aparte de la vainilla y del chile y sus numerosas variedades, al que el propio Colón le dio el nombre de *pimiento* y sobre el cual el jesuita Joseph de Acosta, cronista de

Indias, escribió que tenía tanto fuego "que quema al entrar y al salir, también".

En cambio, América le dio a sus conquistadores, además del tomate, el maíz, el chocolate y el cacahuate —originarios de México—, una raíz que tendría más tarde una enorme difusión en Europa: la papa, proveniente del Perú.

Las sorpresas que ofrecía este inopinado continente fueron, desde luego, muchas más que esas cuantas novedades botánicas: sabemos, gracias al indio Juan Badiano, traductor al latín del herbario azteca que hoy se conoce como el *Codex Barberini* y se conserva en el Vaticano, y por el doctor Francisco Hernández, autor de la *Historia plantarum Novae Hispaniae,* que, tan sólo en México, los españoles se encontraron con más de diez mil especies de plantas desconocidas en Europa.

Entre ellas, las orquídeas más deslumbrantes —una entre mil, la orquídea negra de la vainilla—, cientos de plantas medicinales, plantas, incluso, "homicidas y rencorosas", como llamaba el costarricense Cardona Peña a la yerba del alacrán, "plantas lunares copiosas de leyenda" a las que se agregaban plantas textiles como el henequén, el árbol del hule con el que los aztecas fabricaron las primeras pelotas de la historia y la planta del tabaco, compañero —durante tantos años en los que éramos más inocentes y menos puritanos— del placer gastronómico, plantas que daban esponjas vegetales, y las decorativas como la *tecuitlalxóchitl* o flor dorada de los atardeceres, y el oloroso nardo, la magnolia, la hermosísima flor de Nochebuena o *poinsettia,* la dalia que tanto amaría la emperatriz Josefina (con ella alfombró los jardines de Malmaison) y el girasol, que adoptó como símbolo —quién otro podía ser— Luis XIV, el Rey Sol.

Y por supuesto, arbustos y árboles que daban las frutas que, con tan buen gusto y tanta frescura, describe el propio padre Acosta, como la guayaba, la piña, a la que le hizo el feo el glotón de Carlos V de Alemania y I de España, las tunas de todos colores —y entre ellas las rojas, cuyo jugo usaban las indias para teñirse las mejillas—, la guanábana, el coco, "de mejor sabor que almendras", y el mamey, "que sabe a melocotones y duraznos, o mejor".

Pero si conocer estas frutas no hizo sino alimentar el placer del jesuita, enterarse de la existencia de animales insospechados, unos comestibles, otros no, como el manatí, confundido tantas veces con una sirena, la espantable pero dócil y deliciosa iguana, el raro y exquisito armadillo y la llama; en fin, el guanaco, el mono araña, el ñandú, el perro chihuahueño, lo preocupó enormemente, porque se preguntaba —y le preguntaba a Dios—: si esos animales no existían del otro lado del mundo, y por lo tanto no habían formado parte de los pasajeros del Arca de Noé, ¿cómo es que se habían salvado del diluvio universal?

Diluvio también, pero de lágrimas, derramó, según cuenta la leyenda, el conquistador de México, Hernán Cortés, la noche —desde entonces conocida como la Noche Triste— en que lloró una de las derrotas más importantes que le infligieron los aztecas.

Por la misma razón había llorado, al despedirse de Granada en el mismo año en que Colón llegó a la isla de San Salvador, el sultán Abdalá-el Zaquir, más conocido como Boadbil, y Cortés lo sabía.

No todos los días se pierde un reino. Y Cortés sintió que se le escapaba de las manos un reino inmenso donde, a falta de clavo y nuez moscada, corrían, bajo la tierra, ríos de oro y de plata. Cuando Felipe II construía El Escorial, otros monarcas europeos dijeron que no le alcanzaría todo el oro de España para construirlo. Cuando El Escorial quedó terminado, Felipe ordenó que en una torrecilla, a la vista de todos, se colocara un gran trozo del precioso metal para que todo el mundo se enterara de que le había sobrado oro. Y así fue, Felipe tenía razón, y también sus detractores, porque El Escorial se construyó, qué duda cabe, con la plata de América.

Cortés sabía, por otra parte, que la grandeza de una victoria se mide por la grandeza del enemigo derrotado, y que Moctezuma, amo y señor de lo que fue entonces para su gloria —y volvió a ser hoy para su desgracia— la ciudad más grande del mundo, era un príncipe de rancio abolengo cuya majestad, fausto y esplendor eran sólo comparables a los de las grandes dinastías de Europa y del Oriente. Un rey que, obsesionado por la limpieza corporal, se lavaba las manos varias veces mientras comía y se bañaba varias veces al día, y es por eso que las malas lenguas dicen que mandaba colocar incensarios frente a sus huéspedes españoles, no porque los creyera dioses, sino para ahuyentar la peste: los conquistadores no se lavaban, y muchas veces, semanas enteras, dormían sin quitarse las armaduras. Un monarca, y así lo atestiguan, asombrados, Bernal Díaz del Castillo, fray Bernardino de Sahagún y otros cronistas —en cuya mesa se servía, en los días calurosos, nieve traída de los volcanes nevados, el Popocatépetl y el Iztaccíhuatl—, que endulzaba con la mejor miel de abejas del mundo y que contaba entre sus hombres con un grupo de estafetas de agilidad comparable a los portadores de las antorchas olímpicas, que todos los días se encargaban de hacer un recorrido de quinientos kilómetros desde el Golfo de México hasta el corazón del Valle de Anáhuac para que el emperador se deleitara con pescado y mariscos recién salidos del mar. Un soberano, en fin, en cuya mesa cotidiana se servían docenas de faisanes, perdices y codornices, jabalíes y patos salvajes, liebres y conejos, "y muchas maneras de aves y cosas que se crían en esta tierra, que son tantas que no acabaré de nombrar tan presto", nos cuenta Bernal Díaz del Castillo, el cual, habiendo ya contemplado en lo que era también el mercado más grande del mundo, el tianguis de Tlatelolco, todas las frutas mencionadas por el padre Acosta y otras muchas como la papaya y el plátano, además de otras hasta la fecha desconocidas en Europa, como el nanche, y el zapote prieto, el guamúchil, la pitahaya, el tejocote, el garambullo y el caimito, agrega: "y fruta infinita".

El historiador mexicano Arnáiz y Freg decía, mitad en broma, mitad en serio, que la conquista de México la hicieron los indios, y la independencia, los españoles. En efecto, a principios del siglo XIX los criollos —así se llamaba en América a los hijos y a los hijos de los hijos de españoles que pensaban, hablaban y actuaban como españoles—, por razones económicas, para liberarse del dominio de la metrópoli y aprovechando la invasión de España por las tropas napoleónicas, promovieron la independencia de México con la idea de ofrecerle el trono de la nueva nación a Fernando VII, *el Deseado.*

Y fueron los indios tlaxcaltecas, enemigos de los aztecas, los que ofrecieron a Cortés la ayuda gracias a la cual, en gran parte, pudo conquistar el imperio de Moctezuma Xocoyotzin y doblegar a la Gran Tenochtitlán.

Porque a la Noche Triste siguió, tras la victoria de Otumba y la llegada de refuerzos desde La Habana, el triunfo total de Cortés, y con él despuntó un día que duró cuatro siglos: en todo ese largo tiempo y hasta que, en 1901, Cuba se transformó prácticamente en un protectorado norteamericano en el reino de España jamás se puso el sol.

Durante esos cuatro siglos —en realidad tres en lo que a México concierne: 1521-1821— se fraguó uno de los mestizajes más fecundos de la historia cuyos frutos mayores, entre los más suculentos y deliciosos, se dieron en el campo de las artesanías, el folclor y el arte culinario —también, y a largo plazo, en la arquitectura y las artes plásticas—. Pero en ninguna parte el resultado fue tan rápido, sorprendente y definitivo como en la cocina: a diferencia de los peregrinos del *Mayflower,* colonizadores del norte de los Estados Unidos que llegaron con esposas, hijas y hermanas que les hacían la comida y que trasplantaron la cocina europea a América, los españoles llegaron solos, sin mujeres. Por necesidad, se aparearon con las indias. Luego se casaron con ellas. Después, aprendieron a amarlas. Por necesidad, también, comieron lo que ellas les guisaban. Luego, se acostumbraron a la comida. Después, aprendieron también a amarla, y fue así como los criollos de la Nueva España en algo sí que muy pronto dejaron de ser españoles: en la forma de comer.

Desde luego, el verdadero y profundo mestizaje culinario comenzó cuando, muy pronto también, les tocó a los indios descubrir a su vez los prodigios y monstruos benévolos que llegaron en los barcos españoles: el trigo, el arroz, las lentejas, la naranja solar, la lechuga de holanes verdes, la zanahoria, la coliflor con sus sesos al aire, la caña de azúcar y docenas más de plantas y frutas comestibles así como, entre los animales, la vaca de grandes tetas, la gallina que ponía huevos con yemas de oro, el borrego, el puerco mucho menos puerco y mucho más precioso de lo que su nombre parecía indicar y, aparte del fabuloso caballo, en último caso también comestible, otras numerosas bestias que nunca se hubieran subido al Arca de Noé si al Creador se le ocurre que Noé naciera en América.

II
Bodas de sangre

Cuando las Editions de l'Aube, gracias a la sugerencia de François Vitrani, director de la Maison de l'Amérique Latine de París, nos pidió a Socorro y a mí que hiciéramos un libro de cocina mexicana, tras pensarlo un buen tiempo, nos propusimos dos objetivos principales.

Uno, que Socorro guisara todos los platillos en París —como lo digo en la advertencia preliminar— y otro, que yo, por mi parte, escribiera un texto para convencer a los franceses de algo imposible: que la cocina mexicana es de verdad una de las tres mejores del mundo, junto con la francesa, desde luego, y la china, si bien las cocinas española, italiana, india, japonesa y del norte de África merecen todos nuestros respetos.

Digo imposible porque —así también lo señalé— ésta es sólo una muestra muy pequeña de la cocina mexicana. Lo que no me creyó nunca una inglesa —la novia de mi hijo Fernando—: que en México ella podría comer durante un mes un menú de tres platillos diferentes cada día, más el postre, sin una sola repetición; un francés, pienso, estaría dispuesto a aceptarlo —y ahora calculo que treinta días no son nada y que la experiencia podría prolongarse por tres o cuatro meses—. A pesar de ello, tratar de reproducir en Francia todas o una gran parte de las delicias gastronómicas de Yucatán, Michoacán, Puebla, Oaxaca y Veracruz, por ejemplo, es un objetivo tan inalcanzable como lo sería tratar de reproducir en México toda o la mayor parte de la gran cocina de Languedoc, la Isla de Francia, la Bretaña, el Périgord, la Lorena o la Franche-Comté.

A esto se agrega lo difícil que es, cuando se habla de México, escapar de los estereotipos que los extranjeros se han hecho de nuestro país y que muchas veces nosotros mismos, los mexicanos, nos encargamos de fomentar. Por ejemplo, que México es un país cuya cultura —y la cocina desde luego forma parte muy importante de esa cultura— es, en gran medida, reflejo de su paisaje. En otras palabras, reflejo de una naturaleza bárbara y mágica, mística y surrealista. Y, por si nos faltan adjetivos, podemos recurrir al gran historiador francés Fernand Braudel, quien afirma que la naturaleza latinoamericana es "con frecuencia alucinante, siempre desmesurada, tiránica". Esto es lo que los extranjeros buscan y quieren ver en

México y en sus manifestaciones culturales, y esto es lo que nosotros mismos procuramos mostrarles: el México de los mariachis y los cactos espinosos, de las pulgas vestidas y los frijoles saltarines, el México de los volcanes en erupción —y del volcán a cuyos pies agonizó el cónsul de Malcolm Lowry—, el México de los terremotos y las pirámides en cuya cúspide humean los corazones humanos aún palpitantes, el México de los ídolos bañados de sangre, el México de la *Serpiente emplumada* de D. H. Lawrence, de los hongos alucinógenos y de la mezcalina, el México de Aldous Huxley y el de André Breton, el México de las calaveras de azúcar que desató la locura dormida de Artaud, país de bandidos ensombrerados y matanzas rituales, tierra de revolucionarios violentos y de grandes y negros bigotes como los de Pancho Villa y Emiliano Zapata.

Como consecuencia de esto, el acercamiento del europeo a la cocina mexicana —el del gringo no, curiosamente: será por tanto tiempo que tenemos de querernos y odiarnos, es decir, de conocernos— constituye, por lo general, nada más que una aventura: se trata de enfrentarse, con el temblor —la emoción— y la inocencia de una virgen, a lo salvaje y a lo misterioso, a lo exótico, a lo desconocido, de sumergirse en la selva de las especias traidoras y en las salsas pantanosas como se interna uno en la jungla amazónica o en las espesuras barrocas de la literatura latinoamericana de lo real maravilloso. La aventura, por lo mismo, y por los riesgos que implica, no suele repetirse: es única y breve, efímera. Es como un chapuzón no en aguas heladas sino, en este caso, ardientes, de las que, con un poco de suerte, uno sale bien librado con el estómago ileso y con un recuerdo quizá agradable, pero de extrema fragilidad.

Aun los europeos más inteligentes y bien intencionados suelen adoptar esta actitud, de tintes sin duda tan ingenuos como imperialistas, y de estos prejuicios no escapa mi admirado Italo Calvino, el gran escritor italiano hace años desaparecido, quien me da pie a caer en la tentación de hablar en sus propios términos, tan europeos, de la cocina mexicana y, al mismo tiempo, rebatirlo. Calvino, después de un viaje por México, en el que probó algunos cuantos platillos clásicos, escribió en su libro *Sous le soleil jaguar* (Bajo el sol jaguar, literalmente), que la cocina mexicana fue resultado de "un campo de batalla entre la ferocidad agresiva de los antiguos dioses de la alta meseta y la suntuosa superabundancia de la religión barroca".

Aparte de que la idea de *batalla* no es nueva en la cocina —el siglo XII nos ofrece un poema titulado "Batalla de don Carnal y de doña Cuaresma", tema que inspira después a Rabelais para escribir la pelea entre los Gordos y los Flacos, y Jack Goody en su libro *Cuisines, cuisine et classes* nos recuerda que un manuscrito egipcio del siglo XV describe lo que es al mismo tiempo una batalla entre el Rey Carnero y el

Rey Miel y un banquete—, aparte de esto, decía, yo estaría dispuesto a adherirme a las teorías de Calvino, si toda la ferocidad hubiera estado de un solo lado y todo el barroco del otro.

Pero no fue así. Cuando Cortés llega a México y se asombra de los sacrificios humanos, la Santa Inquisición está en su apogeo en Europa. Los aztecas mataban en nombre de un dios cruel, Huitzilopochtli, ávido de sangre: el sacrificio tenía una lógica, macabra, sí, pero lógica al fin. Del otro lado del Atlántico, los europeos quemaban vivos a sus congéneres en nombre de un Dios todo misericordia.

Había, desde luego, otras diferencias: todo indica que, además, los aztecas practicaban el canibalismo. El propio Diego Rivera, gran pintor mexicano —que tanto amó París, por cierto—, afirmaba que el plato conocido como *pozole* estaba sazonado con la carne de los jóvenes mancebos sacrificados al sol. Se trataba, pues, de un canibalismo ritual. ¿Pero acaso fueron otra cosa que canibalismo ritual, alegórico, simbólico o como quiera llamarse los actos de antropofagia cometidos por algunos franceses la Noche de San Bartolomé? Pues según nos cuenta Léon Moulin en su artículo "Les abats et le sacré", aparecido en *L'Imaginaire des nourritures:* "más de un católico hambriento se dio esa noche un banquete con el hígado y el corazón de los hugonotes"... a lo que algunos agregaron, afirma Moulin, "un fricasé de orejas". Dos siglos más tarde los verdugos de la amiga de María Antonieta, la princesa Lamballe, tras haberle cortado la cabeza para clavarla en una pica, le sacaron y cocieron —en su jugo azul— el corazón, para devorarlo.

¿Y el barroco? La portada y las primeras cuatro ilustraciones del libro *Arts baroques* de Claude Roy nos demuestran que el arte barroco, y con él la imaginería desenfrenada, el miedo al vacío y el delirio de la forma, existían en ambos hemisferios. En la segunda y la cuarta ilustración vemos una estela maya encontrada en Honduras y un jarrón fúnebre mexicano de la civilización teotihuacana: se trata de dos bellos ejemplos del barroco precolombino mesoamericano —y hay casos más contundentes y gloriosos, como la Coatlicue del museo del Instituto de Antropología e Historia de la Ciudad de México (vale la pena advertir que Octavio Paz no está de acuerdo en que la Coatlicue y otras piezas de arte mesoamericano sean una manifestación del barroco)—. Las ilustraciones primera y tercera nos enseñan, cada una, un aspecto del interior de una iglesia mexicana: la cúpula de Santa María Tonantzintla, en el estado de Puebla, y el árbol de la vida de la iglesia de Santo Domingo, en la ciudad de Oaxaca. A lo que se agrega, en la portada, un fragmento glorioso de la ornamentación de la capilla del Rosario de la ciudad de Puebla: tres ejemplos, ya no del arte barroco español puro, sino del arte barroco mestizo, resultado del casamiento de dos cosmogonías, de dos concepciones del mundo, ambas laberínticas —pero de diferente complejidad—, ambas crueles —pero de perfidia distinta— y ambas, en fin, generosas también y de una inconmensurable riqueza, y que a lo largo de los tres siglos de la Colonia tendrían una abundante progenie de refinados vástagos cuya sofisticación y cuyo alambicamiento puede hoy admirar y disfrutar el turista asombrado —y el propio natural de las Indias, que no se cansa de admirarse— en ejemplos tan distantes como la arquitectura y la cocina —aunque el gran cocinero francés Carême hizo una sola de las dos artes, y Salvador Dalí dijo de la obra de Gaudí que era "arquitectura comestible"— si visita el templo de Tepozotlán en el Estado de México y se agasaja, después, en el mercado de enfrente, con un mole poblano.

En ambos casos, y sobre todo si actúa con unción, se enfrentará al milagro: en el templo, al retablo de san Francisco Javier que es como el otoño de Vivaldi, congelado en sus instantes más dorados y prístinos. En la salsa del mole, a la sinfonía de sabores que celebran las bodas de todas aquellas maravillas que los españoles llevaron a América —y que a Europa, a España, llevaron los ejércitos de Alejandro Magno, las legiones de César, las tripulaciones de Marco Polo, las turbas de godos y visigodos, las mesnadas de Escipión y las huestes árabes—, como el comino de Libia, la pimienta negra y el azúcar de la India, las almendras de Persia, el anís de Egipto, el ajo de Kirguistán, el sésamo de África del Norte, el cilantro de Babilonia, la canela de Ceylán, el clavo de la China y los productos de dos plantas cuyos orígenes se pierden en la noche de los tiempos: el trigo y la vid, con varios de los maravillosos productos, ya mencionados, que se encontraron en América: los chiles, el jitomate, el maíz, el cacahuate, el chocolate, el plátano y, desde luego, el pavo. El pavo, que no es de Turquía como pensaban los ingleses ni de Numidia como creía Grimod de La Reynière, el pavo que Benjamín Franklin deseaba que sustituyera al águila heráldica norteamericana, el pavo, en fin, decapitado huésped de todas las Navidades, por otros llamado guajolote, chompipe, gallo de Indias, pípila, cócono y pollo de Calicut.

Es este platillo, el mole poblano, al que el escritor mexicano y gran gastrónomo Alfonso Reyes describe en sus *Memorias de cocina y bodega* como "lujoso plato bizantino, digno de los lienzos del Veronés", y "gigantesco por la intención, enorme por la trascendencia digestiva", a lo que yo agregaría, sin exageración —o en todo caso con exageración gozosa—: suma culinaria y cumbre gastronómica, el *pot-pourri* de más éxito en la historia y única y verdadera *melting-pot* que se ha dado desde que hace cinco siglos se encontraron dos mundos, es el mole, decía —que por si fuera poco suele dejar en la boca, las blusas y los manteles las huellas sangrientas de un sacrificio imaginario—, casi obligado punto de partida de una reflexión sobre la cocina mexicana, no sólo por lo complicado y por ser el ejemplo clásico de ese maravilloso mestizaje del que hablamos, sino también porque en su hechura intervienen la sal y el chocolate, lo cual no deja de asombrar a los extranjeros y de producirles un escalofrío gastronómico.

Es a este respecto que me gustaría subrayar tres cosas. Primero, una frase de Grimod de la Reynière, ilustre representante de la gastronomía francesa, citada por Jean-Marie Fonteneau en *Le Chocolat et sa cuisine:*

> Si le hablan ustedes de langosta con chocolate a un francés, es decir a un hombre persuadido de la supremacía culinaria de Francia y de sus propios conocimientos gastronómicos, levantará los hombros y dirá ¡Qué horror! Désela a probar... y dirá lo mismo, a pesar de contradecir a su paladar y su estómago.

Segundo, me gustaría invitar al lector francés (les recuerdo a los lectores mexicanos que este prólogo estaba originalmente escrito para los franceses) a leer (de preferencia cuando haya terminado este prólogo) el libro de Fonteneau, donde verá que en Europa se guisan más platos salados con chocolate que los que se hayan guisado jamás en el propio México. Tercero, le diré que la comparación con la música —a propósito de Vivaldi— no es gratuita. No sólo Jean-Robert Pitte nos asegura, en su libro *Gastronomie française,* que el gusto y el olfato son "tan perfectibles como el sentido musical", sino que Robert Courtine (alias *La Reynière,* en honor de Grimod) afirma que existe una música en todas las cosas y en cada platillo, y nos recuerda que el gran Rossini, creador de los *tournedos* que llevan su nombre, compuso algunas pequeñas fantasías para piano dedicadas a los rábanos, las almendras, los higos secos y las anchoas. En efecto al mole, como a Bach, o a los quesos azules, como a Telemann, o a las perdices *faisandées* (es decir, un poco "pasadas"), o incluso a Eric Satie o a la mostaza de Dijon, hay que acostumbrarse poco a poco; hay que educar el oído —en este caso el paladar— con una pizca de paciencia y otra de voluntad, y es así como los privilegiados por la Naturaleza con cierta predisposición a la gastronomía aprenden —aprendimos— a disfrutar los tesoros inagotables que nos dan la tierra y la imaginación.

Bodas fueron, sí, lo que hizo nacer a la gran cocina mexicana. Bodas de sangre que corrió, y corría, por ambos lados: no sólo por las escalinatas de los templos y las pirámides aztecas: también por la piel de los siniestros Cristos españoles. Regodearnos con la antropofagia de los tenochcas o narrar la serie de atrocidades que cometieron los españoles en América —"con la crueldad digna de los lobos", decía fray Bartolomé de Las Casas— se sale de los propósitos de este libro. Pero el hecho es que en algo tiene razón Calvino, y fue también una batalla, larga y ardiente, la que tuvo lugar en ollas y sartenes, fogatas y hornos, pero no de los elementos que señalaba el gran escritor italiano, sino batalla de afinidades opuestas, de semejanzas disímiles, por llamarlas de algún modo:

de contradicciones deslumbrantes, para llegar al triunfo y derrota de las dos partes, para alcanzar, perdóneme el lector, el preciosismo retórico, el oxímoron perfecto, símbolo de la cocina mexicana, o en otras palabras, la unión de los contrarios —o de los contrarios aparentes—: el cielo y el infierno, lo dulce y lo salado, la noche y el día, el amor y el odio.

La unión, también, de la vida y la muerte, pues, como nos enseñan Lévi-Strauss y Freud, la cocina y el sexo y, por otra parte, el sexo y la muerte se parecen como un espejo a otro. Pero lo más importante de esta batalla, con tanta sabiduría y pasión librada, fue que rindió numerosos frutos y, si tiene razón Brillat-Savarin, quien afirma que la invención de un nuevo platillo es más importante para la humanidad que el descubrimiento de una nueva estrella, resulta que el afán de Europa por descubrir la otra mitad de un planeta dio lugar al nacimiento de una constelación.

Y ahora me gustaría bajar del cielo a la tierra e intentar un acercamiento más sencillo, menos grandilocuente, más universal si es posible, a la cocina mexicana…

III
¿Qué es lo "exótico"? Lo propio y lo ajeno. Elogio de lo sencillo

Me imagino que para un francés resulta muy exótico comerse, en la playa de Acapulco o de Cancún, un ceviche. Lo curioso es que este plato, que como se sabe es pescado cocido a base de limón, viene del Perú y no lo inventaron los peruanos, sino los chinos que emigraron a ese país sudamericano. Exótico debe ser, también, para un turista extranjero, comer pastes en la ciudad de Pachuca, en México. Pero la verdad es que estas empanadas, típicas de la antigua entidad minera, no son otra cosa que una variante de las que se encuentran en toda Gran Bretaña, con el mismo nombre, de venta en las tiendas de *fish and chips,* y que fueron llevadas al otro lado del Atlántico por mineros galeses, cuando gran parte de las minas de plata mexicanas pertenecía a ingleses.

De lo que deduzco que no sólo para un francés, sino también para un mexicano, es exótico comer ceviche y pastes. O incluso un mango. Primero, porque el mango no es originario de México, sino de la India. Segundo, porque los mejores mangos no son de la India sino de Filipinas, llamados, por eso mismo, de Manila. Tercero, porque probablemente la mejor variedad de mango de Manila que existe no se da en Filipinas, sino en México. Y si esto no es exótico, ¿qué es, entonces, lo exótico?

Es verdad —o, *se non è vero è ben trovato,* como dicen los italianos— que un pintor llamado Zafirano, por los colores azafranados que empleaba en sus cuadros, según cuenta Néstor Luján, inventó los tallarines inspirado en los rubios, ondulados, voluptuosos cabellos de Lucrecia Borgia. También que los italianos hicieron sus propias versiones de macarrones, ravioles y lasañas. Pero las pastas —tan injustamente vilipendiadas por Marinetti y sus secuaces futuristas— si existen en Italia es porque Marco Polo las trajo a Europa de la China, y el espagueti no se llamaría así si uno de los tripulantes del célebre navegante veneciano, apellidado Spaghetti —y de nuevo, si no es verdad, merece serlo—, hubiera desistido de acompañarlo en su viaje al legendario Catay, como también se llamaba a la China, y donde, asimismo, se inventaron los helados, arte en el cual sin duda los italianos superaron a los maestros.

¿No resulta, pues, muy exótico comer un plato de espagueti, pasta de origen chino, con una salsa boloñesa a base de jitomate, fruto de origen mexicano? Y si esto no es exótico, ¿qué es, entonces, lo exótico?

Pongamos otro ejemplo. Hablemos de la naranja. La naranja, "esa especie de esponja", nos dice el poeta Francis Ponge, "que aspira a recuperar la compostura tras haber sido reducida a su mínima expresión": cuando en el siglo pasado los niños pobres de Francia esperaban, con gran ilusión, que les regalaran una naranja de Navidad, la naranja, originaria de los países situados al sur de la sierra del Himalaya, era todavía una fruta exótica en ese país y en el resto de Europa, salvo en España, a donde ya los árabes habían llevado ese fruto y la Alhambra se adornaba, cada otoño, con árboles cargados de planetas de oro. El limón, originario también de Asia, se conoció en Europa gracias a los hebreos y los palestinos. La toronja, por su parte, es originaria de los países vecinos del Océano Índico. El durazno, de la China, llegó a Francia a través de Persia. Otras frutas llevan en su nombre el del país o la región del mundo de donde son originarios, o lo insinúan, como la mandarina de la Conchinchina, la ciruela damascena y el pérsico (en México pérsimo) de Persia. Y desde luego, sin la naranja no existiría el pato *à l'orange* (pato con naranja) (probablemente inventado no por los franceses sino por los italianos, pues aparece en recetarios florentinos del siglo XIII), y sin la toronja no existiría tampoco uno de los platillos clásicos de la *nouvelle cuisine:* la ensalada de toronja con camarones, y sin el durazno Escoffier no se habría inventado nunca la *Pêche,* que lleva el nombre de su adorada cantante australiana Helen Mitchell Melba.

¿Qué es, entonces, lo exótico? A ningún europeo se le ocurriría pensar, hoy, que frutas como la naranja o el limón son exóticas. Tampoco el ya mencionado jitomate —le recomiendo al lector el jugoso artículo que, sobre este fruto, aparece en nuestro libro—, y mucho menos, muchísimo menos, la papa; la papa, sí, que tanto trabajo les costó a Federico *el Grande,* Luis XVI y Antoine Auguste Parmentier imponer en Europa, hasta que al fin, como nos dice Toussaint-Amat, la Comuna de París de 1780 la hizo "republicana y obligatoria": pero tan sólo de la historia de la papa en Europa, la papa y las grandes hambrunas de Irlanda que obligaron a un millón de sus nacionales a emigrar hacia los Estados Unidos, la papa y las *frites,* una Institución Francesa con mayúsculas, a pesar del ya señalado modesto origen peruano, se podría escribir todo un tratado. Lo exótico, entonces, ¿deja de serlo cuando esas frutas y verduras se aclimatan, cuando pueden ser sembradas en los países que comenzaron por importarlas, o cuando crecen y se multiplican en ellos en el caso de los animales, como el pavo, que es, dijimos, originario del continente americano, o la gallina, ¡la gallina, imagínense, sin la cual no existiría el *coq-au-vin*!, que es originaria no de Europa sino de la India? No, porque ni el café ni el cacao pueden sembrarse en Francia y, desde luego, a nadie se le ocurriría pensar que un francés que se toma en la mañana un café —el café viene de Arabia— con un *pain au chocolat* (pan relleno de chocolate) —y el chocolate, como dijimos, de México— esté disfrutando un desayuno "exótico".

Lo exótico, entonces: ¿deja de serlo cuando se olvida su origen? Probablemente.

Porque no sólo el pato *à l'orange* llegó a Francia desde Italia: también el arte de los postres y la pastelería. También los frijoles —que a Italia le llegaron de México— sin los cuales sería impensable un *cassoulet* (especie de "fabada" francesa), de Languedoc. Pues los frijoles —tan bellamente cantados en esa antología de textos de cocina llevados con gran talento al teatro con el título de *A croquer*— fueron llevados a Francia por Catalina de Médicis cuando en 1533 se casó con Enrique II, con lo cual nació en verdad la gran cocina francesa, pues Catalina, como años más tarde la otra Médicis, María (quien se casó con Enrique IV en 1660), se trajo también a sus cocineros y sus libros y tratados de cocina. En otras palabras, se llevaron de Italia el talento culinario florentino y milanés para dárselo a Francia como regalo. De todos modos —además de que Jean-Robert Pitte nos señala que no todos los expertos están de acuerdo en darle tanto crédito a la cocina italiana—, no por ello Italia fue cuna de la gastronomía europea, pues a ella también, y aparte de las pastas, le faltaban muchas cosas, y es así como el historiador mexicano Francisco Javier Clavijero, citado por Carlos Zolla en su *Elogio del dulce,* dice: "Si Italia estuviese obligada a restituir todos los frutos que no pertenecen originariamente a su terreno, ¿qué le quedaría a excepción de las bellotas?" Y Zolla agrega a esto la lista que, a ese respecto, hace el ya mencionado Braudel: manzanas, albaricoques, peras, higos, granadas, castañas, cerezas, almendras, nueces, avellanas, ciruelas, melocotones, albérchigos…

Son estos viajes, estos ires y venires, vaivenes, regalos y préstamos de un país a otro lo que hace la gloria de las grandes cocinas. Así, para poner un ejemplo más, el último, lo que les pasó a Francia y Chile. Pues aparte de que las fresas de gran tamaño no existían en Europa, y de Chile las trajo el navegante francés Freizer (de quien deriva su nombre), resulta sorprendente —y también edificante— saber que, si en Chile fue posible producir algunos de los mejores vinos del mundo, es porque descienden de cepas francesas llevadas allá, pero que, si a su vez Francia sigue produciendo vinos de gran excelencia, es porque después de la epidemia del siglo XIX que destruyó tantos viñedos franceses, éstos fueron repoblados en buena parte con cepas chilenas llevadas de allá.

A propósito de frutas, lo exótico, según la *Enciclopedia Larousse,* es "lo que pertenece a países extranjeros y lejanos". Basado en esta definición fue que, un día que me invitó a almorzar un caballero de Avignon al Drouant de París (donde, como es sabido, se entregan cada año los premios Goncourt), y después de un banquete rociado desde luego con Châteauneuf-du-Pape, le dije que, para cerrar con broche de oro, me gustaría tomar un postre de frutas exóticas. El caballero enarcó las cejas porque no se había dado cuenta, dijo, de que en el menú figuraran postres a base de mangos, papayas, guayabas, coco o algo por el estilo. A lo que yo le respondí: "Mi señor, para mí, que soy mexicano, lo exótico no son esas frutas, sino las frambuesas, las grosellas y los arándanos), producto de países como Francia, que son, para nosotros, extranjeros y lejanos…

En otras palabras, no puedo estar de acuerdo con el texto que aparece en el dorso del libro *L'Imaginaire des nourritures,* publicado en 1989 en Grenoble, donde se dice que frutas como el mango, el árbol del pan, la guayaba y la nuez de la India son y han sido "alimentos imaginarios", puesto que "los disfrutamos en el sueño, a partir de *nuestras* lecturas infantiles", porque esto equivale a dejar a tres cuartas partes del mundo fuera de la historia, los sueños y la imaginación. No sólo me agrego a lo dicho por el gran escritor mexicano José Vasconcelos, quien afirmaba, a propósito de *nuestras* frutas tropicales de tierras templadas y calientes, que "una civilización que ignore todos estos sabores no puede ser una civilización completa", sino que, a ese "nosotros" de los que soñaron con las frutas, le enfrento otro "nosotros": nosotros los latinoamericanos que, mientras los niños franceses leían los cuentos de hadas de la India y de Persia y los jóvenes soñaban con los exotismos de Pierre Loti y las selvas imaginarias de Bernardin de Saint-Pierre y del Aduanero Rousseau, nosotros, los niños mexicanos, los niños argentinos, los niños peruanos, leíamos los cuentos de Perrault y leíamos a Alejandro Dumas y soñábamos con las selvas de las chimeneas de París "que habían leído a Eugenio Sue", con las chimeneas y su humo negro, con las calles de París cubiertas por la nieve, la nieve blanca de nuestros sueños, la nieve tersa y dulce, suave alimento imaginario de nuestra infancia.

Pero Sue, Perrault, Dumas, ¿no son acaso autores franceses? Así es. Y es que estamos cerca del meollo del problema: existen, sí, núcleos étnicos puros —o casi puros— muy importantes en Latinoamérica: las tribus brasileñas, los misquitos nicaragüenses y otros muchos, como en México los huicholes y los tarahumaras, los tzotziles y los tzeltales —grupos de quienes quisiéramos conservar su pureza, su lengua, sus tradiciones y, al mismo tiempo, terrible contradicción, "educar" e incorporarlos a nuestro mundo—, pero el resto de la población, por las características mismas de la Conquista y la Colonia, y por haber sido la lengua y la religión sus armas más poderosas, de alguna manera, o mejor dicho de muchas maneras, fue europeizada. Mucho perdieron los países americanos con ello, pero mucho ganaron: es así como nos transformamos en copropietarios de la cultura europea sin que por ello perdiéramos los valores (porque no todo fue destruido: el filósofo mexicano Leopoldo Zea nos recuerda cómo en los templos católicos los diablos precolombinos comenzaron a asomar sus caras entre los rostros azorados de los angelitos blancos), sin que por ello perdiéramos, decía, los valores de las culturas precolombinas. Es así como Tiziano y Ravel, Vico, Shakespeare y Rabelais, Sócrates, Mozart y Bergson nos pertenecen en la misma medida en que pertenecen a Europa o a Francia y al mismo tiempo —Carlos Fuentes lo señalaba hace años— que son nuestros la Biblia y el *Popol Vuh,* el Partenón y Machu Picchu, Homero y Nezahualcóyotl. Para los europeos resulta a veces un poco difícil comprender esta apropiación —o mejor: ese derecho innato a ser copropietarios de la cultura occidental— que a veces se manifiesta de manera tan grande y deslumbrante que, como lo señala Cioran a propósito de Jorge Luis Borges en su libro *Ejercicios de admiración,* algunos de los representantes intelectuales de América Latina "están infinitamente mejor informados, y son más 'cultivados' que los occidentales, que son incurablemente provincianos".

Provincianos, sí, y eurocentristas: Europa es el ombligo del mundo, y por eso el Cercano Oriente —que no está cercano ni lejano de sí mismo— fue bautizado así por su cercanía respecto a Madrid, a París, a Viena, a Londres, al Vaticano, sin pensar que, para nosotros los mexicanos, está muy lejos. Europa es también los ojos del mundo: son los europeos los que "descubren" a América cuando la ven por primera vez, sin darse cuenta de que los americanos (y con "americanos" quiero decir los habitantes de todo el continente) la habían ya descubierto desde siempre. Es Europa, también, la boca del mundo, el criterio que decide y define lo que es familiar de lo que es ajeno, lo que es propio de lo que es extranjero en relación siempre con ese eje alrededor del cual giran como satélites los otros continentes y con ellos los siete mares, la historia y el Universo.

Si todo esto viene a cuento, perdóneme el lector francés, es porque deseo subrayar dos o tres cosas. La primera, que tanto unos como otros, los que nacieron en esta parte del mundo como los que nacimos en la otra, necesitamos más modestia, me parece, para aprender y comprender nuestras semejanzas y nuestras diferencias, que no son tan escasas las primeras ni tan contundentes las segundas como podría pensarse. El hecho de que el mole mexicano no sería nada sin la existencia de más de doce ingredientes fundamentales que son de todas partes menos de México y de Europa, y la historia, ya esbozada en estas páginas de los alimentos y las cocinas que viajan, nos da idea de que nada es de nadie totalmente, de que de muy pocas cosas podemos vanagloriarnos haber descubierto o inventado, y de que la verdadera originalidad, el esplendor de las grandes cocinas, es resultado de un mestizaje, de una transculturación, de un afortunado sincretismo. Por otra parte, este libro no es un paseo por esos "trópicos pasteurizados" de la plaza de la Madeleine, para decirlo con las palabras de Alberto Capatti, quien con tanto desprecio se refiere, en su libro *Le Goût du nouveau,* a las cocinas tropicales —cómo se ve que no tiene idea de ese otro trópico resplandeciente que es México— y quien nos dice, a propósito de lo que llama "el producto colonial", que con éste no tiene "la impresión de morder la carne y la piel y la naturaleza misma de todo un pueblo", y de las "mercancías exóticas" (como el plátano, donde cree descubrir el color de la fiebre amarilla) que éstas ofrecen "en la experiencia gustativa de cada día, un medio de verificar los resultados de la conquista de los espacios extraeuropeos"...

No, no, señor Capatti. No sólo existen innumerables experiencias gustativas que usted y millones de europeos desconocen, y que este libro no puede ofrecerle, ni tampoco las tiendas de la plaza de la Madeleine ni las que existen a cinco mil kilómetros a la redonda —porque para conocer profundamente la verdadera, gran, incomparable cocina mexicana habría que ir a México, y pasarse allí la vida entera viajando por su inmenso territorio—, sino que, además, en estas páginas el lector se encontrará con algunas sopas, ensaladas, guisos, bebidas y postres hechos, todos, con ingredientes y productos europeos —aquellos que, precisamente, viajaron de Europa a América— y que no tienen un solo ingrediente que pudiera considerarse "mexicano" o "aborigen" o "autóctono" o como quiera llamársele, y que, si le harán soñar con algo, no será con los alimentos imaginarios que le ofrecieron las lecturas de su infancia, sino con su infancia misma. Así, las zanahorias y las papas, el poro, la lechuga, la cebolla, el pollo, los huevos, la crema y la leche, el azúcar, la manzana, el queso y la mantequilla, las espinacas, la naranja, estos y otros productos, tan familiares para los europeos como para los mexicanos, se combinan también en la cocina mexicana, para darnos platillos de una asombrosa sencillez y cuyo principal ingrediente es, con frecuencia, la nostalgia: son los platillos con los cuales nos iniciamos, gentil, suavemente, en el mundo de los adultos, los que guisaban mamá y las tías porque se los enseñó la abuela. Los platillos familiares, inolvidables, como inolvidable puede ser una magdalena remojada en un té de tila. ¿Y por qué consideramos mexicanos a estos platillos? Simplemente, porque los comen casi todos en México: forman parte de los menús cotidianos de toda la clase media y parte de las clases alta y pobre, y porque en ninguna otra parte del mundo los hemos comido. La esposa de un diplomático francés me aseguraba, hace tiempo, que la sopa de fideos no es exactamente "mexicana", puesto que se come en las casas francesas. Puede ser. Y debe ser, puesto que el fideo está en venta en todos los mercados franceses y porque ya Grimod de la Reynière nos habla de una sopa de fideos... pero el caso es que no figura en la carta de ningún restaurante francés que yo conozca, y sí, en cambio, en los menús de un infinito número de fondas mexicanas.

Y es la sopa de fideo —la humilde y prodigiosa, modesta y fabulosa sopa de fideo— y lo que llamo su "asombrosa sencillez" lo que me permite subrayar otra cosa: bien decía el rey de los cocineros y cocinero de los reyes que la gran cocina no consiste en "la acumulación bárbara de productos heteróclitos, sin medida". Revel mismo, quien cita en este sentido a Carême, después de haber asegurado en el prefacio de la *Physiologie du goût* que la buena cocina no está necesariamente vinculada a la riqueza —también hablaré más adelante de los ricos platillos pobres de la cocina mexicana—, nos demuestra que la gran cocina tampoco tiene que ser necesariamente complicada y que existe "una gran cocina simple". En efecto, el mole y el manchamanteles mexicanos, como la musaca turca y algunos curries hindúes —y entre ellos uno complicadísimo, y de intenso color rojo que hace, y muy bien, nuestra hija Paulina—, guisos todos que requieren veinte, treinta ingredientes o más —la leyenda dice que el mole poblano, cuando lo inventó sor Andrea en el convento de Santa Rosa, requería cien—, no sólo son grandes platillos: son milagros y, como tal, fenómenos aislados, poco comunes, irrepetibles, inimitables. En otras palabras, no crea el lector que la cocina mexicana, como ya lo dije pero no me cansaré de subrayarlo, es el reflejo de una naturaleza tropical y barroca, historiada y tórrida, turbulenta y bárbara... No, en sus aterciopeladas cremas de hongos y zanahorias, en sus sopas de pescado y papa tan simples como sustanciosas, en sus ensaladas de inocente simplicidad y radiante frescura y en sus angélicos postres a base de leche, huevos y azúcar, tan modestos como voluptuosos, encontrará también una cocina tranquila, de todos los días, acogedora, reconfortante, íntima.

Es precisamente en los postres y en la pastelería y panadería donde también el viajero se encontrará en México con tradiciones muy europeas. El azúcar no existía en la América prehispánica, pero llegó muy pronto: en uno de los diecisiete navíos del segundo viaje que hizo Colón, en 1493, viajó la caña de azúcar, cuyo cultivo se propagó con gran rapidez y, con él, se desarrollaron una repostería y una dulcería barrocas que reprodujeron esencialmente las creaciones españolas: turrones y alfajores, polvorones, churros, torrejas, dulces de leche, colación, orejones, buñuelos, natillas, mazapanes, budines y pepitorias que han sobrevivido varios siglos con pocas variantes junto a invenciones locales, como el dulce de amaranto llamado alegría y los ates o jaleas de frutas como la de guayaba y la de membrillo, llamadas respectivamente guayabate y membrillate —México es "un paraíso de compotas", dijo el poeta Ramón López Velarde— y que en buena parte fueron resultado de la ciencia y paciencia de las monjas, cuyas comunidades se distinguieron por su especialidad, como las de la Encarnación por su miel rosada, las de santa Catalina por sus empanadas dulces, las de santa Clara por su rompope y las de san Lorenzo por sus caramelos (si bien en los conventos también se inventaron grandes guisos como, decíamos, el mole poblano y uno de los platillos más refinados y maravillosos de la cocina mundial, los chiles en nogada).

Con la llegada del trigo y, más tarde, de inmigrantes alemanes y franceses, chinos y libaneses, se internacionalizó aún más la pastelería mexicana. Cabe aquí mencionar que en 1838 surgió un conflicto entre Francia y México llamado la Guerra de los Pasteles, en el que perdió una pierna el dictador Santa Anna por culpa de uno de los cañones del príncipe de Joinville, hijo de Luis Felipe y tío de Carlota: todo a causa de un pastelero al que unos revolucionarios habían devastado su establecimiento y que pedía una indemnización exorbitante. Varias décadas después, Maximiliano y las tropas invasoras de Napoleón III llevaron a México a otros grandes pasteleros franceses y vieneses, y es así que los cronistas nos dicen que, en 1864, las tres pastelerías más importantes de la capital eran de propiedad francesa: Devers, Reinot y Plaissant. Con los franceses llegaron también, medio siglo antes que la Coca-Cola fuera inventada en Atlanta, las bebidas dulces y gaseosas de limón, naranja y grosella. En pocas palabras, los mexicanos nos hemos agasajado desde siempre con *éclairs* y pasteles de Saboya y de Flandes, con religiosas y tartas de fresa, *babas-au-rhum,* pasteles Saint-Honoré y pasteles árabes de fideos, mil hojas y merengues coronados de crema Chantilly.

Aunque fue, sin duda, en el arte de la bizcochería o del pan dulce que México superó, con creces, a sus maestros europeos: existen, no sé, ochenta o quizá cien o más clases de bizcochos distintos con nombres a veces descriptivos, a veces traviesos o misteriosos, como conchas y orejas, alambres y calzones, besos y policías, condes, nueves, cuernos y chilindrinas… su número, de verdad, es inmenso. En tanto, el arte de hacer gelatinas, que por alguna extraña razón en Francia no se desarrolló, continúa vivo y tembloroso en México, donde además de las gelatinas caseras y las gelatinas baratas de los mercados y los vendedores ambulantes —colección de prismas y cuajarones de arcoíris al aire libre— las pastelerías nos ofrecen gelatinas de graciosa arquitectura, unas "de leche" —con prestigio de mármol de Carrara y luminosidad de alabastro—, otras "de agua", con resplandores de rubíes y reflejos de esmeralda, otras de ambas, y muchas de ellas con un rico contenido de frutas en trozos, gemas también, ensimismadas en sus dulces transparencias.

Decíamos que el emperador Moctezuma tomaba nieve de los volcanes del Valle de México, rociada con miel, pero en realidad fueron los europeos los que enseñaron la ciencia de los helados a los mexicanos, y éstos, como en tantas otras cosas, también desarrollaron una gran inventiva. Me gustaría invitar a Michel Onfray, autor de *Le Ventre des philosophes,* y quien nos cuenta, en el prólogo o "ensayo de autobiografía alimentaria", lo mucho que disfrutó en la Plaza Navona de Roma los helados de violeta y champiñones, de zanahoria y de pétalos de rosa, me gustaría llevarlo a la plaza de Coyoacán en la Ciudad de México para que pruebe el helado de sandía y el de chirimoya, el de mamey y el de guanábana, me encantaría viajar con él al pueblo de Dolores Hidalgo, para que ambos nos deleitáramos con helados de aguacate y de frijol, de elote y de tomate, de cacahuate y de nopal, y a la Feria de la Nieve de Santiago Tulyehualco para quedarnos con la boca abierta con el helado de chicharrón, de nopal, de mole, de chile, de apio y otros muchos que, a nosotros mismos, los mexicanos, nos parecen el colmo de lo *exótico*...

IV
¿Qué es lo "exótico"? Lo imaginable y lo impensable, lo bárbaro y lo civilizado

Aparte de estos exotismos y delicias que el lector podrá imaginar, existen otros alimentos en México que, por así decirlo, son menos *imaginables,* y a ellos está dedicado esta sección, con un doble afán: primero, el de invitar al lector aventurero y gastrónomo a gozar todo lo que le ofrece la cocina mexicana, a pesar de que algunos de sus platillos parezcan, a primera instancia, no sólo inimaginables, sino *impensables,* como los gusanos de maguey y los chapulines. Segundo, el de convencer a ese lector aventurero de que no existe, en sí, ningún alimento que pueda asociarse para siempre con lo sagrado o lo profano, lo civilizado o lo bárbaro.

Lanzo estas reflexiones, tras indicarles a los lectores vegetarianos que no sólo en este libro, sino también en México, encontrarán exquisitos platillos con los cuales colmar sus deseos sin faltar a sus convicciones (tan sólo el libro *Cocina vegetariana estilo mexicano,* de Lille y Aijala, contiene cerca de 150 recetas) y lo mismo a aquellos lectores que por razón de gusto personal o credo religioso no incluyan en su alimentación la carne de ciertos animales, o que excluyan las vísceras: la cocina mexicana tiene para todos los gustos y necesidades.

De cualquier manera, pienso que unos y otros pueden acompañarme a viajar por estas páginas, teniendo en cuenta que con esto que escribo no hago cocina, sino literatura de la cocina, y que, por otra parte, para apoyar lo que pretendo sea una breve pero sustanciosa demostración de que *todo ser humano puede comer de todo,* y disfrutarlo, prometo no referirme a los repugnantes menús imaginados por el Marqués de Sade en *Los 120 días de Sodoma,* ni a las nauseabundas aberraciones de santa Margarita María Alacoque.

No insistiré, tampoco, en la antropofagia, que, como ya dije, nunca fue monopolio de pueblos como los aztecas: baste recordar, aparte de las historias sobre la Noche de San Bartolomé y la princesa Lamballe, que, según Michel Onfray, san Epifanio, obispo de Pavía, cuenta cómo los gnósticos solían comer fetos humanos molidos con miel y pimienta, así como los casos de canibalismo que cita Néstor Luján habidos en Alemania y Francia, y en particular en Hungría y Polonia: es famoso el proceso de excomunión contra un barón prusiano, nos dice Luján, que se comió a un niño polaco con compota de manzana.

En cambio sí me atreveré a mencionar algunas de las inauditas ocurrencias de los futuristas italianos, como los cocteles en los que flotaban hostias rellenas con pasta de anchoas, las salchichas asperjadas con agua de Colonia o el filete aderezado con jugo de tabaco —por cierto, Alfonso Reyes nos dice que antiguamente, en Polonia, había un queso que se comía espolvoreado de tabaco—.

Y lo hago porque estas fantasías de Marinetti y socios son ideales para ilustrar una de las teorías de Lévi-Strauss, el gran antropólogo francés, quien desde hace tiempo nos enseñó que los alimentos no sólo tienen que ser aceptables para el cuerpo: también para el pensamiento.

En efecto, por haber sido demasiado *pensados,* y con el objeto de sorprender y asustar, estos platillos extravagantes y agresivos —a pesar de que algunos de sus nombres tienen, no cabe duda, humor y poesía, como los *huevos divorciados* (hoy este nombre, como sabemos, se aplica en México a los huevos estrellados con dos salsas distintas), la *ternera intuitiva* o la *leche al resplandor azul*— resultan impensables.

No basta pues la imaginación, no bastan el humor y la literatura, para crear platillos *pensables,* es decir *comestibles,* ni aun en el mundo de la fantasía, donde los dioses del Olimpo podrían deleitarse por ejemplo con hígado de unicornio, pechuga de ave fénix o muslo de pegaso. O si se quiere, con lengua de dragón flameada y pechos de sirena cocidos en aguas del Mar Rojo —grifo, ese horrible monstruo mitad águila y mitad león, mejor no, pues un personaje de Voltaire nos recuerda que Zoroastro lo prohíbe como alimento—.

Lo que es más, si nos alejamos de lo quimérico para acercarnos a la realidad, no bastarían tampoco la poesía ni los ingredientes verdaderos, de carne y hueso, para crear una cocina creíble, pensable, imaginable y comestible, así fuera nuestro deseo agasajar a nuestros amigos con un consomé de pez volador, riñones de mink a la champaña, huevos de ave del Paraíso revueltos y postre de cerezas rellenas de luciérnagas, o a nuestros enemigos con una sopa de tarántulas, jugo de moscas, colas de rata empanizadas y helado de víbora de cascabel.

Con el riesgo, adicional, de descubrir que la ensalada de alas de murciélago es una delicia, y el paté rosado de hígado de flamenco, una porquería.

Porque tampoco lo *bello* asegura lo pensable y lo sabroso. Sin embargo, como "el hombre es lo que come", según aseguraron Feuerbach y Rousseau, debemos tener mucho cuidado de qué es lo que ingerimos por la boca para transustanciarlo en nuestra sangre y nuestra carne, nuestros huesos y nuestra linfa: no puede ser lo mismo —o no debería serlo— comer corazón de águila que cola de lagarto, alas de quetzal que ancas de rana.

De allí la creencia china conocida como *jinbu:* para tener la vista tan aguda como la vista de un tigre, es necesario comer ojos de tigre.

De allí también la antigua insistencia en comer animales tan bellos como el cisne y el pavo real que, además, al ser llevados a la mesa, eran revestidos de nuevo con sus ropajes originales por verdaderos artífices plumarios, en los que se distinguió, como ninguna, la corte renacentista de los duques de Borgoña, hasta que un día los hostigados comensales tuvieron que aceptar —y confesarse a sí mismos— que la carne de cisne y de pavo real era mediocre, y que el puerco y la gallina son mucho mejores.

Estas confesiones y actos de reconocimiento no fueron suficientes, como sabemos, para que el hombre se decidiera a comer todo lo bueno, delicioso y nutritivo que le ofrece este planeta, ya que también lo impensable, en alimentación, está vinculado a prohibiciones religiosas, algunas de las cuales, no todas, tuvieron quizá un origen profiláctico. Pero, si la prohibición de Zoroastro es tan sólo una broma del autor del *Diccionario filosófico,* las que pesan sobre los fieles judíos, musulmanes e hindúes son serias y terminantes. Basta citar sólo unas cuantas: el puerco está prohibido para los fieles de los tres credos, la vaca está vedada para los hindúes, por ser sagrada, y a los hebreos, además de estarles prohibido comer el cordero "en la leche de su madre" así como la sangre de cualquier animal, según el Levítico, capítulo 11, titulado "De los animales limpios e inmundos", les están vedados, al igual que el puerco —y entre otras muchas bestias—, el camello (que en el Corán recomienda el Profeta con gran énfasis), el conejo, cuanto animal sin aletas y sin escamas exista en el mar (camarón, ostras, pulpos, calamares), además de aves como el azor, el gallinazo, el cuervo, el avestruz, el búho, el pelícano, la cigüeña, un ave casi legendaria: el ibis, "todo animal que se arrastra sobre la tierra" o "que anda sobre el pecho", como la serpiente, el lagarto o la tortuga (Mahoma también alienta a sus seguidores a comer tortuga para que sean "dignos" de él), así como "todo insecto alado que anduviere en cuatro patas".

Los cristianos, en cambio, pueden comer de todo. Y entre ellos los católicos son privilegiados —*somos,* es decir, somos los franceses y somos los mexicanos entre otros pueblos católicos—, pues todo indica, y así lo señalan autores como Jean-Robert Pitte, que con la Reforma y el nacimiento y auge del puritanismo cobró fuerza la idea, entre los protestantes, que es pecaminoso obtener placer de la comida. Bien hacía hincapié Lutero en que los patriarcas y profetas se alimentaban de frutas y raíces, nos dice Pitte, quien no aclara si el monje sajón recuerda que san Juan Bautista, según los evangelios de san Marcos y de san Mateo, comía grillos (autorizados como alimento tanto en el Corán como en el Levítico). En cambio, los católicos, aunque tenemos a un fray Luis de Granada, quien en su *Guía de pecadores* arremete con furia contra los tragones y afirma que "no hay sentido más abyecto que el sentido del gusto", gozamos, por otra parte, de la bendición de Francisco de Sales, quien aseguraba —nos cuenta Salvador Novo en su *Historia gastronómica de la Ciudad de México*— que "lo que entra por la boca no daña el alma". Fue por fortuna la opinión del santo francés —francés tenía que ser— la que prevaleció, para nuestra dicha.

Es así como, con excepción de estas prohibiciones —y desde luego de las prohibiciones modernas nacidas de la demonización del azúcar, la sal y las grasas—, que el hombre, en el curso de la historia, ha comido todas las plantas y animales comestibles que existen y han existido en nuestro planeta.

Los griegos comían tetas de cabra y vulvas de marrana virgen. Las crestas de gallo —falsificadas después con bóveda de paladar de res— fueron un platillo de gran éxito en el Renacimiento. Luján nos cuenta que en la Antigüedad se comía no sólo gacela y antílopes: también hienas. Como verduras, los egipcios no despreciaban los tallos tiernos de papiro y las raíces y los bulbos de loto. Apicius elogia la lengua de flamenco y el talón de camello. Alejandro Dumas nos da recetas para cocinar oso y pata de elefante. Los chinos comen nidos de golondrina marina y sopa de aleta de tiburón. Alfonso Reyes, quien de paso afirma que la salsa de Marte inventada por los futuristas no era sino un pálido y desabrido invento comparado con el coctel de aguardiente y pólvora inventado por el general mexicano Sóstenes Rocha, nos habla del café con leche "al vinagre y a la mostaza" de Victor Hugo, y nos recuerda que en los menús de la Societé d'Acclimatation de París figuraban el puercoespín y la serpiente pitón. Todo el mundo sabe, desde luego, que la rata a la champaña (y para los pobres, sin champaña) alcanzó la categoría de platillo distinguido durante el sitio de París de 1870, hasta que llegó el momento en que se acabaron las ratas, después de haberse acabado los caballos, los perros y los gatos, en tanto que, en los grandes restaurantes, como el Voisin, se servía a los animales del zoológico recién sacrificados, y es así como en el menú de Navidad figuraban el asado de camello a la inglesa, el encebollado de canguro y el pernil de lobo. Fue durante este sitio, nos dice Christian Guy en su *Histoire de la gastronomie française,* que se inmoló, más en aras del hambre que de la gastronomía, a los dos elefantes más famosos de París: Cástor y Pólux.

Ha sido la extrema carencia provocada por los sitios, las sequías, los incendios y otras calamidades, tanto naturales como artificiales, la que sin duda ha obligado al ser humano a comer cosas que en otras circunstancias ha despreciado. Salvador Novo, en el libro ya citado, transcribe el poema de un autor azteca sobre el hambre en la gran Tenochtitlan sitiada por los *teules,* u hombres blancos: "Hemos comido palos de colorín,/ hemos masticado grama salitrosa,/ piedras de adobe, lagartijas,/ ratones, tierra en polvo, gusanos..."

En otras palabras, todo indica que las grandes cocinas nacen de la pobreza, puesto que, por una parte, el hombre se ve obligado a utilizar hasta la última yerba comestible, por humilde o desagradable que parezca, y hasta la última parte comestible (tripas, cerebro, riñones, hígado, lengua, labios, ojos, pulmones, páncreas, timo, testículos —estos últimos siempre llamados de otra manera: criadillas en México y España, frivolidades en el Languedoc, riñones blancos en el resto de Francia, etcétera) de todo animal comestible e incluso a ingerir alimentos que han sufrido un cambio que no puede llamarse de otra manera sino *descomposición.*

Ejemplo de esto sería, en México, el zapote prieto (una fruta de pulpa negra como petróleo crudo y con la cual, y un poco de jugo de naranja, se hace un postre de una suavidad y una sutileza sublime) y el huitlacoche, un hongo que no es otra cosa que una enfermedad del maíz, y que está a la altura de las mejores cepas y morillas francesas.

O, en lo que se refiere a animales, el ejemplo clásico sería el gusano de maguey, maravilla gastronómica.

En lo concerniente a Francia, los ejemplos que hablan por sí solos serían los caracoles y los quesos *azules,* alimentos ambos que a una gran mayoría de mexicanos —y mayoría de los otros pueblos del mundo— les parecen repugnantes.

Esto para no hacer hincapié en un antiguo hábito de algunos franceses, al parecer ya desaparecido y del que nos habla Grimod de la Reynière: deleitarse con las deyecciones de la chocha o becada, un ave parecida a la perdiz. Olvidándonos, pues, de estas pasajeras veleidades excrementicias de los cazadores de chochas franceses, cabe preguntarse: ¿quién es entonces el salvaje? ¿El que come gusanos o el que come caracoles? El lector habrá ya adivinado que, en mi opinión, ninguno lo es. Tampoco el que come ambas cosas, como yo, y como mi mujer, mis hijos, mi suegra y algunos de mis amigos.

Pero si el hambre fue la razón por la cual nuestros abuelos se animaron a ingerir tales extravagancias, no es por hambre, sin duda, que seguimos comiéndolas, sino porque nos gustan. El precio de los caracoles, que es muy alto, y el de los gusanos de maguey, que es más alto aún, son la mejor prueba de que su consumo no tiene ya nada que ver con el hambre: ambas cosas han pasado a ser un lujo. Un lujo civilizado.

Lo que nos hace pensar que también la abundancia ha invitado al hombre a probar lo que pareciera improbable, por curiosidad y, sobre todo, por un deseo de ampliar la gama, al parecer infinita, de los placeres gastronómicos.

O en otras palabras, actitudes que nacen de situaciones opuestas reproducirían, en términos moderados y humanos, las obsesiones también antípodas —pero inhumanas— de santa María Alacoque y los personajes de Sade, que alcanzaron el horror por caminos distintos: la santa, por renunciar al placer; los personajes del marqués, por aumentarlo. Fuera de la santidad y de la literatura, estos polos tienen mucho en común, por supuesto, con la anorexia y la bulimia.

La conclusión —si es que puede haber una conclusión de estas divagaciones— sería que todo ser humano está, en principio, capacitado para comer y disfrutar todo lo que otros han comido y disfrutado si echa mano de su voluntad y, sobre todo, de su libertad: estoy convencido de que aprender a gozar lo que en materia de alimentos nos ofrece el mundo es una forma —una de las más hermosas y civilizadas— de aprender a ejercer la libertad.

Al lector omnívoro es, pues, al que le aseguro que en su viaje a México, además de todos los platillos que aparecen en este libro, podrá deleitarse, si así lo desea, con dos clases de gusanos de maguey: los meocuiles, blancos, que aparecen en abril, y los chinicuiles, rosados (larvas de una mariposa nocturna), que se comen en octubre (por cierto, nosotros siempre los hemos saboreado fritos, de modo que quedan tostaditos), y todo el año, en Oaxaca, con unos chapulines que yo diría tan sabrosos como los que pescaba san Juan Bautista a orillas del lago Tiberíades. A lo que se agregan, en varias partes del país, los huevecillos de chinches acuáticas (o ahuatli, citados por Fischler en *L'Homnivore* como el "caviar mexicano"); las hormigas mieleras; los cupiches, que son las orugas de la mariposa del madroño; los moscos de pájaro (insectos acuáticos); los jumiles clásicos de Taxco (los únicos que no me atrevería a probar tal como allí se comen: vivos); las avispas zacatonas; el gusano elotero; las chicharras, que son deliciosas con huevo; los escamoles, que son los huevecillos de unas hormigas de color rojo oscuro, y, de nuevo en Oaxaca, los gusanos del encino, llamados camalejos, y otros muchos insectos, como las larvas negras de una libélula o "caballito del diablo" (el investigador J. R. E. Conconi asegura que hay más de cien especies de insectos comestibles en México), ricas fuentes de proteínas todos ellos y que, estoy seguro, no le piden nada en refinamiento gastronómico al escarabajo sagrado de Marruecos, a las arañas de Tailandia o a las avispas de Birmania, platillos todos tradicionales de esos países, según nos aseguran los autores citados, quienes mencionan asimismo (¿pero es que la gastronomía no tiene límites?) las cucarachas de China. Los mexicanos comemos también, como nos recuerda Teresa Castelló Yturbide en el libro *Presencia de la comida prehispánica,* ilustrado por un fotógrafo francés, Michel Zabé, la iguana —a la que yo definiría como uno de los animales feos más bellos del mundo—, la tortuga y los huevos de ambos animales; armadillo en Veracruz; la paca o tepeizcuinte, la tuza, el mono de Catemaco, la ardilla en Guerrero; la cola de lagarto en Quintana Roo; en el sureste, el loro estofado; la carne de cotorra en la Sierra de Atoyac; la víbora de cascabel en Chihuahua; el zorrillo, el tlacuache y el mapache, ese extrañísimo animal anfibio que tanto fascinaba al barón de Humboldt y que le inspiró un cuento genial al escritor argentino Julio Cortázar: el ajolote, y desde luego toda clase de pescados y mariscos, como pulpos, calamares, ostras, langostinos, langostas, almejas, mejillones, caracoles de mar, cangrejos, jaibas, percebes, patas de mula, camarones, gambas y muchos otros, cuya variedad y número podrá imaginar el lector si le decimos que México tiene ocho mil ochocientos kilómetros de litorales. A todo esto se agregan los platillos especiales de cada región y ciudad, de cuya riqueza dan una idea el *Atlas cultural de México-gastronomía* y el libro de Josefina Velásquez de León, *Platillos regionales de la República Mexicana,* y cuya lista sería larguísima, además de que sus nombres le dirían muy poco al lector francés, pero basten unos pocos ejemplos: la cecina de Yecapixtla de Morelos, el tzanchac de Campeche, la cuachala de Colima, la sopa de chipilín de Chiapas, el chihuamonte de Chihuahua, la birria de Jalisco, el tatishuil de camarones de Nayarit, el zacahuil de San Luis, el machacado de Coahuila.

La ignorancia culinaria de los futuristas —creo que si tanto los cito para atacarlos es porque también los admiro mucho: su inventiva y afán de renovación fueron asombrosos— les impidió profundizar en un aspecto fascinante de la cocina que linda con la poesía: las flores comestibles. Comer flores no es nada nuevo, sobre todo en postres, jaleas o infusiones. Pero otra cosa son los platos salados a base de flores. Si Marinetti deseaba que "todo el mundo tuviera la impresión de comer obras de arte", ¿qué mejor que preparar platillos con los objetos más bellos que produce la naturaleza, símbolo de amor y de vida?, ¿qué mejor placer —un placer vegetariano que no prohíben la Biblia ni el Corán ni los dietistas ni los cardiólogos— que devorar los más sutiles, frágiles, bellos, inocentes y perfumados de todos los órganos sexuales inventados por el Creador? Y es así como los futuristas, nos dice Michel Onfray, idearon platillos a base de flores de acacia, lavanda y berenjena, entre otros. Nada nuevo en Francia, como nos dice Pierre Nolot y Jacqueline Jourdan en *La Cuisine en fleurs,* donde además de lo previsible, como té de jazmín y agua de flores de azahar, mermelada de pétalos de rosa y jarabe de amapolas, nos dan las recetas de platillos sorprendentes, como una ensalada de malva y gladiolas, un filete de res con violetas salvajes, un conejo con mirtos y un pollo al jazmín blanco. Nada nuevo tampoco en México, donde la calabaza nos da sus flores dulces y amarillas con las que se guisa una extraordinaria sopa, el colorín sus flores color llamarada para comerlas con huevo, el izote sus blancos capullos carnosos para hacerlos ensalada, y donde, en fin, tantas otras flores, como la del garambullo, la flor de mayo, la flor de la biznaga y la del "lirio mariposa", son ingredientes principales de platillos suculentos, a los que se agregan la flor de jamaica, del palo santo y del arrayán, con las que se hacen infusiones que se beben heladas. En Francia, una amiga nuestra, Alice Lambert, se ha vuelto la experta número uno en cocina floral.

Las flores tienen que ver, también, con lo que podríamos llamar "la nueva cocina mexicana". A casi treinta años de distancia del manifiesto lanzado por Gault y Millau, en el que dieron a conocer en Francia los mandamientos de una nueva forma de cocinar y una nueva filosofía de la cocina, no me atrevería yo a definir qué es exactamente la nueva cocina francesa, que comenzó como un retorno a la naturaleza y la simplicidad (coincidente con una conciencia dietética y la aceptación de la tecnología moderna en la cocina), pero que hoy día parece más bien un campo de batalla —volvemos a las ideas bélicas— entre la tradición y la invención, el retorno al terruño y la apertura a lo extranjero, a lo "exótico" en tanto que, en lo que concierne a la presentación de los platillos, lo artificioso —sin duda alguna de inspiración japonesa, como la propensión hacia lo crudo— es cada vez más evidente. Y más bella.

Pero sí, en cambio, me aventuro a afirmar que, fuera de la cocina francesa, no me parece que exista ninguna otra en el mundo, a excepción de la mexicana, cuyo espíritu y cuyo estilo, cuya forma de ser y de evolucionar, permita una revolución semejante, con tan notables y deliciosos resultados. Hemos visto así el surgimiento, en las últimas décadas, de chefs mexicanos de gran talento que han incorporado nuevos elementos, ideas y creaciones a la cocina mexicana. Don Chon se inclina por las flores, e inventa los crisantemos con atún en salsa de tamarindo. Arnulfo Luengas y Martha Chapa (quien sólo guisa para sus seres y amigos queridos, entre los cuales nos contamos) juegan con frutas mexicanas hasta hace poco nunca usadas en platillos salados, y el primero crea el cerdo con guayabas y la segunda las pechugas de pollo con guanábana. Ambos, también, acuden a frutas "no exóticas" como las fresas y la mandarina, o a aquellas tradicionalmente relacionadas con las cocinas africana, brasileña y del Caribe para ofrecernos, Martha Chapa, su lomo de cerdo en salsa de coco, y el maestro Luengas, sus camarones con coco y mango. Martha, por otra parte, se esmera en consumar casamientos entre la cocina europea y la asiática con la cocina mexicana, en sus chiles rellenos de paté, su crema de pistache, su ensalada de endivias con yerbabuena y su fetuccini al epazote.

Lo que no debe extrañarnos, si pensamos que en algunos menús de distinguidos restaurantes parisinos encontramos una langosta al curry y al mango, y desde luego —como parte de la tendencia a revalorizar las pastas italianas— los ravioles con caracoles, inventados por Lameloise en Chagny en 1985. De allí a inventar los ravioles rellenos de huitlacoche o de flor de calabaza no hay sino un paso, que Socorro va a dar muy pronto (de hecho ya dio ese paso y, al igual que ella, muchos chefs mexicanos). Encontramos también en Francia nuevas mezclas de salado y dulce, como ese gran pescado conocido como Saint-Pierre con arándanos, mezclas que reivindican viejos gustos de la cocina medieval, la cual no desdeñaba cocinar un faisán con canela o una macarela con grosellas (nos cuenta, en sus recetas, Mathilde Brunel, autora de *Cuisine médiévale pour tables d'aujourd'hui*). Al mismo tiempo, especias olvidadas en Francia hacen de nuevo su aparición, como el ruibarbo y el jengibre —sin olvidar el azafrán, empleado por el gran chef francés Bocuse en sus célebres mejillones— y otras que hasta ahora se habían usado más bien en perfumería y medicina, como la ajedrea, la primavera o prímula y el hisopo —o al menos así lo indica el libro *La Cuisine amoureuse et magique* de Robert Villon—, cuyas recetas no hemos probado. Poco falta, me imagino, para que sean reincorporadas especias como el comino y la mejorana, antes empleadas con frecuencia en la cocina francesa y hoy, y desde hace siglos, presentes en el arte culinario de México. Nuevamente, pues, en estas dos cocinas de rancio abolengo, la francesa y la mexicana, se pierden las fronteras entre lo propio y lo ajeno, lo familiar y lo exótico, en beneficio de la gastronomía universal.

Por último, algo que no podemos dejar de mencionar cuando se habla —o se escribe— de comida mexicana: la comunión de la vida y la muerte. En México, como en muchos países, hay platillos especiales para fiestas y conmemoraciones especiales: pavo relleno y bacalao a la vizcaína en Nochebuena, rosca de reyes en Epifanía, romeritos con mole y tortas de camarón seco en Semana Santa y Nochebuena. Desde luego, hay un platillo o menú especial también en el día del santo patrón de cada ciudad y cada pueblo. Y, como todo el mundo lo sabe, el Día de los Muertos, el 2 de noviembre, en el que se celebran en los panteones y las casas ceremonias bellísimas a las cuales muchos de nosotros mismos, mexicanos que habitamos las grandes ciudades donde estas y otras tradiciones se han perdido (por fortuna, parecen recuperarse poco a poco), asistimos como maravillados turistas nacionales. Pero no somos totalmente ajenos a estas fiestas: compartimos, con nuestros compatriotas, su alegría y su tristeza —alegría porque, si bien lloramos a nuestros muertos por estar muertos, el recuerdo de cuando estaban vivos, entre nosotros, nos regocija— y compartimos ese día, y esa noche, los alimentos no tanto de los muertos —a los difuntos se les ponen en tumbas y altares frutas, bizcochos, tortillas y chocolate— como de los vivos, que son un delicioso pan así llamado: pan de muerto, y desde luego las calaveras, fémures, tibias y ataúdes de azúcar y turrón de almendra. Yo diría —haciendo una salvedad, porque nada hay nuevo bajo el sol y, como nos recuerda Carlos Zolla en *Elogio del dulce,* en Nápoles, en el siglo XII, el Día de Difuntos la gente obsequiaba a sus familiares y amigos huesos de azúcar almibarado, los *ossi di zucchero*— que ninguna afirmación del amor por la vida es tan fuerte como la simbolizada por el hecho de comer esos cráneos de azúcar, porque, como saben los lectores, se trata de que cada quien coma una calaverita de azúcar que tenga, escrito en la frente, su nombre… ¿o es que hay alguna cosa mejor, algo que represente con más elegancia y humor el imposible pero siempre deseado triunfo de la vida sobre la muerte? ¿Hay algo mejor, pues, que comerse a su propia muerte… y que la muerte le sepa a uno dulce?

Y ahora, me permitiré presentar las credenciales de mi esposa, Socorro, que la habilitan como gran cocinera y que la calificaron para hacer (guisar) este libro…

V
Cómo fue que Socorro se hizo gran cocinera

¿Podemos estar de acuerdo con Jean-Françoise Revel, quien en su libro *La sensibilidad gastronómica de la Antigüedad a nuestros días* afirma que es injusto el descrédito en el que ha caído la cocina inglesa, afirmación que por cierto comparte Socorro, defensora a ultranza de enigmáticas, desconocidas, escondidas y confidenciales delicias anónimas de la gastronomía británica? ¿Es posible, como el propio Revel, confiar en el gran chef francés Escoffier —quien tantos años trabajó en el Hotel Savoy de Londres—, cuando éste aseguraba que cuando menos veintisiete salsas famosas, y entre ellas la de ostras, la de arándanos, la de menta, la *Cumberland,* la *Réforme* y la *Cambridge,* son de origen inglés? ¿Dice la verdad Robert Courtine, quien además de elogiar y calificar de "gótica" la cocina inglesa, agrega a ese repertorio otras dos salsas: la de anchoas y la de manzana? Por otra parte, ¿qué se hicieron los grandes recetarios ingleses de la época isabelina de los que nos habla Néstor Luján en su *Historia de la gastronomía*? Esas recetas benedictinas "clásicas y rigurosas, medievales y sangrantes", ¿qué se hicieron? ¿Sucede, tal vez, que en lo que se refiere a la cocina inglesa en verdad todo tiempo pasado fue mejor?

Si esto viene a cuento es porque Socorro y yo —y nuestros hijos, claro— vivimos la friolera de catorce años en Londres, y fue gracias a esa ciudad, y a esos años, que mi mujer se hizo una gran cocinera. El talento, desde luego, ya lo tenía: lo heredó de mi querida suegra, doña Guadalupe Castillo Meré, nieta de francés y gran chef de su propia casa. Pero fue en Londres donde ese talento se desarrolló al máximo, entre otras cosas porque la cocina inglesa no existe o, si existió algún día, los ingleses se olvidaron de ella. En todo caso, no se puede comer más de una vez al año el deplorable *steak and kidney pie* ni el desangelado *shepherd's pie,* ni todos los domingos *ox-tail soup* (respectivamente: pastel de carne y riñón, pastel de papa y carne y sopa de cola de buey), o la sopa de tortuga (aunque ambas son muy buenas), ni todos los días *roast-beef* o el cordero en salsa de menta (la única salsa que, sospecho, aparte de la propiamente dicha "salsa inglesa" o *Worcestershire sauce,* inventaron los ingleses, pues yo —Socorro, no— estoy de acuerdo con Talleyrand, quien decía que Francia tiene una sola religión y centenares de salsas, mientras que Inglaterra tiene centenares de religiones y una sola salsa). De modo que, no habiendo conocido nunca las fabulosas cocinas de Yorkshire de las que nos habla Daniel Deccoterd en *Mitos y símbolos alimenticios de Gran Bretaña,* y siendo, pues, Inglaterra un desolador desierto gastronómico donde lo único decente que se puede ingerir, además de exactamente siete quesos, entre ellos el *cheddar,* el *stilton* y el *cheshire,* es lo que se come a las cinco en punto de la tarde: el té, las galletas y las mermeladas (o a las cinco en punto de la mañana: yo solía desayunar a esa hora en la cafetería de la BBC al final del turno de noche un maravilloso sándwich de tocino que en realidad inventé yo y no los ingleses, porque se me ocurrió agregarle jitomate crudo), en ese desierto, decía, nuestra casa del número 5 de la calle de Longton Grove, en el barrio de Sydenham, se transformó en un oasis culinario. Por otra parte, Londres sí nos dio oportunidad, como toda gran ciudad cosmopolita, de iniciarnos poco a poco en los misterios de otras cocinas. La china, que conocíamos un poco desde México (la sopa de nido de golondrinas figuraba ya entre nuestras conquistas), la árabe, la griega y la turca, y desde luego, el gran deslumbramiento: el universo de la cocina hindú, en el que dimos los primeros pasos guiados por nuestro amigo el poeta mexicano Hugo Gutiérrez Vega. Y como el salario de la BBC no nos permitía comer fuera con la frecuencia que hubiéramos deseado, muy pronto Socorro agregó a su muy respetable repertorio, y entre otras muchas cosas, un pato laqueado pekinés, una musaca no muy ortodoxa que digamos pero deliciosa, así como la taramosalata y el humus, varios *kebabs* y varios curries y otros platillos hindúes y paquistanos inenarrables, como el pollo Tandoori, la carne de res estilo Madrás y el cordero Vindaloo (*very very hot,* muy, pero muy picante, como dicen los ingleses). Por supuesto, ambos teníamos una vocación gastronómica ya bien definida y cierta educación. Es verdad que mi infancia no fue muy pródiga en ese aspecto. Mi madre no sabía cocinar, y a lo más que llegó fue a preparar carne con Coca-Cola (sí, leyó usted bien: *Coca-Cola:* la Pepsi-Cola no le da el mismo sabor) y jamón con piña (y un poco de nuez moscada) al estilo supuestamente hawaiano. Pero recuerdo con emoción los pulpos en su tinta, el pan de cazón y el pescado con acuyo que guisaba mi abuela paterna, y el pato *à l'orange* que cenábamos en los aniversarios de bodas de mis padres en un restaurante que se llamaba el Kukú. En casa de Socorro, donde siempre se respetaron, y en grande, las comidas tradicionales de Navidad y Año Nuevo, Epifanía, Semana Santa y Día de Muertos, descubrí muchas maravillas de la cocina mexicana, como las tortas de huauzontle con huevo, y la barbacoa, de la que habla con admiración el mencionado Revel y que, como sabemos, es una forma de preparar el carnero, envuelta la carne en hojas de maguey o de plátano y cocida lentamente en un horno subterráneo.

Más tarde, ya casados, y como nuestro presupuesto entonces sí nos lo permitía, nos iniciamos, en México, en la cocina italiana, francesa y alemana. También, claro, en la española, que aprendimos a distinguir por regiones en sus respectivos restaurantes: el Orfeo Catalá, el Centro Gallego, el Centro Vasco. En el restaurante Kineret comimos por primera vez una excelente comida judía *kosher.* Amigos muy generosos, como el escritor colombiano Álvaro Mutis (Premio Médicis 1989), nos invitaron a numerosos restaurantes muy buenos y muy caros. Fue con Mutis con quien descubrimos el Drambuie y el pastel Alaska (en francés *omelette* noruego, porque el auténtico no lleva merengue: es una especie de *soufflé).* De la Ciudad de México recordamos, con mucho cariño, varios restaurantes, como el Trevi, donde solía ir el venerado poeta español León Felipe (reconquistador de México, porque los españoles nos conquistaron dos veces: la segunda con la generosidad, el talento, la sabiduría de los refugiados de la Guerra Civil, como el propio León Felipe y Luis Buñuel, Max Aub, José Gaos y tantos otros), y el Napolitano, donde nos encontrábamos con el cronista de la Ciudad de México Artemio de Valle Arizpe, y en los cuales descubrimos cosas que hoy nos parecen elementales pero que entonces fueron verdaderos hallazgos, como el espagueti a la carbonara y el melón con jamón serrano. Probablemente en La Lorraine o en el Champs Elysées probamos nuestro primer *coq-au-vin,* gallo al vino tinto, el primer *chateaubriand* con salsa bernesa, las primeras *crêpes Suzette.* Íbamos mucho, también, al restaurante alemán Hipódromo, donde yo siempre pedía *choucroute* con chamorro de puerco y, ya en plan de comer a lo grande, nos citábamos con los amigos en La Tablita para darnos un festín pantagruélico de churrasco aderezado con lo que quizá ha sido la única proeza argentina en la historia de la gastronomía: el chimichurri. Con Bertha Maldonado fuimos al restaurante del también poeta y mejor cocinero Salvador Novo, quien inventó un sensacional filete (*en chemise* le llamaba) forrado con una crepa y bañado con una especie de salsa bechamel con coñac y pimienta, y, en fin, la lista sería muy larga si agregáramos todos los restaurantes de cocina mexicana regional (yucateca, veracruzana, michoacana, oaxaqueña, etcétera) que frecuentábamos, así que sólo mencionaré uno más, el Pedrín, donde preparaban un celestial rollo de pescado relleno de jaiba y camarones. Otro colombiano entrañable, el poeta Fernando Arbeláez, cocinó para nosotros un *bourguigno* (carne chambarete al vino tinto) inolvidable. Pero ya para entonces estábamos en Iowa City, en los Estados Unidos, donde participé dos años en el International Writing Program fundado por el poeta Paul Engle, y donde conocimos escritores de muchos países que nos agasajaron con sus platillos tradicionales. Moshé Dor, poeta israelí, y Siona, su esposa, vecinos de Iowa y amigos de toda la vida desde entonces, nos enseñaron a comer la *pita* con pasta de berenjena. Nuestros otros vecinos: el también poeta (Dios mío, cuántos poetas hemos conocido en nuestra vida) Okot p'Bitek, de Uganda, y Karol nos cocinaron delicias africanas con camote anaranjado y salsa de cacahuate. Marilia, la brasileña, nos obsequió con una *feijoada* y nos deslumbró con un *vatapá;* Nelson Arrieti, cineasta venezolano, con un dulce de plátanos con queso. Y además, como en las fiestas del programa cada quien llevaba un platillo de su lugar de origen, tuvimos oportunidad de disfrutar verdaderos banquetes, que incluían platillos polacos, rumanos, húngaros, franceses, daneses y, desde luego, chinos —era la especialidad de la esposa de Paul, la novelista china Hua-Ling—, y norteamericanos: desde entonces me enamoré (aunque también para comerlo una sola vez al año) del menú del Día de Acción de Gracias, que además del pavo suele incluir ese mismo camote color de sol crepuscular que nos daba Karol y la jalea de arándanos. De Iowa nos despedimos para siempre a mediados de 1971 para instalarnos en Londres. Allí, muy recién llegados, nos ocurrió lo insospechado (y lo irrepetible, según constatamos): un vecino inglés y, como agravante, policía de profesión, Jimmy, le enseñó a Socorro a cocinar unos *coquilles Saint-Jacques* (almeja grande, que se conoce en español como venera o vieira), con tocino, crema y champiñones, absolutamente geniales, y a los que Socorro añadió después un poco de azafrán. Allí en Londres nos hicimos amigos para siempre de Perla Strauss, psiquiatra mexicana, con quien compartimos grandes festines en su casa y la nuestra, y quien le enseñó a Socorro a hacer la sopa de lima. También allí iniciamos nuestra larga y maravillosa relación amistosa y de negocios con nuestra muy querida Carmen Balcells, quien estaba allí de paso y quien más tarde, en Barcelona, nos dio a conocer las cigalas y los percebes y, en Madrid, y nada menos que en el Lhardy (¿dónde más?), el fabuloso cocido de tres vuelcos. En la misma capital del imperio británico otro generoso amigo, el inolvidable Horacio Flores Sánchez, nos llevó a su club (recuerdo que compartimos la mesa con el escritor guatemalteco, corto de estatura pero largo de genio, Tito Monterroso) y a varios magníficos restaurantes, como el Gay Hussard —bautizado así en una ya lejana época en la que *gay* quería decir "alegre" y no otra cosa—, donde comimos unas deliciosas manitas de puerco a la húngara y un pollo con páprika (para entonces yo ya sabía lo que era la páprika; antes pensaba que era una especie de gallina, y es así que, en una novela inconclusa que escribí cuando tenía trece años, un personaje entra a un restaurante en Dubrovnik y pide que le maten y le asen una páprika). Por último, en la BBC trabajé siempre con latinoamericanos, y de algunos de ellos nos hicimos muy buenos amigos: aprendimos, en nuestra isla latinoamericana rodeada de un mar de ingleses, que pertenecíamos todos a una misma patria grande. Y en sus casas, mientras yo comía las riquísimas empanadas chilenas que nos preparaban Mary y Raúl Ampuero, el pollo persa con melocotones y las peras al vino tinto *(poires belle angevine)* que con tanta maestría preparaba nuestra también inolvidable amiga uruguaya Maruja Echegoyen, erizos en lo de Nana Valenzuela (rociados por supuesto con el mejor Casillero del Diablo que se podía adquirir en Londres) y un ajiaco colombiano como Dios manda con todo y *guascas* en casa de René Figueroa, Socorro comía también, desde luego, pero comía y olía, comía y pensaba, comía y analizaba, deducía, rumiaba, preguntaba, imaginaba, hurgaba en busca de secretos culinarios, y después, otro día, ya en la casa, repetía, ella sola, el milagro, con frecuencia mejorándolo. A propósito de erizos, debo decir que a las cosas insólitas que ya habíamos probado y aprobado en México, como el pecho de tortuga, la iguana, el armadillo, el chango, la víbora, las ancas de rana, los caracoles, los maravillosos gusanos de maguey y otros insectos a los que ya elogié debidamente en sección aparte (no todos mexicanos, pues recuerdo muy bien esas hormigas colombianas llamadas "culonas"), en Europa ampliamos muy pronto ese repertorio de rarezas. Comimos reno en Estocolmo, avestruz en Amberes, timo de cordero y de ternera en París (el timo, llamado *ris* en Francia, es la molleja de ternera o de cordero) y, también en París, en el barrio chino, unas increíbles patas de pato (no las hembras del pato, sino los pies, que me imagino hubiera abominado Grimod de la Reynière por razones anatómicas) con holoturia, que es un sabrosísimo equinodermo conocido también como cohombro de mar o príapo marino (por razones igualmente anatómicas) y que figuraba en el menú del capitán Nemo, héroe de *Veinte mil leguas de viaje submarino,* junto con la leche de cetáceo, el azúcar de fuco y la mermelada de anémonas. Pero volvamos a la superficie de la tierra y volvamos, sobre todo, a París. Sería sin duda un crimen de lesa gastronomía decir que en París nada más descubrimos el timo y las patas de pato. En París, o mejor dicho en Francia, hemos tenido el gran privilegio de internarnos en el universo infinito de los patés, los vinos y los quesos, de manera que nombres como brie, munster, reblochon o gorgonzola y Pomerol, Lafitte, Paulliac, Chirouble, Pouilly, Chablis y Margaux pasaron a formar parte de nuestro vocabulario doméstico, aunque me parece indispensable aclarar que el roquefort tenía ya desde siempre un lugar muy especial en el ritual familiar por la extraña razón de que a mí no me gustaba cuando era niño: me repugnaban el aspecto y el color. Pero una vez, Socorro y yo, ya casados, fuimos a una cena y nos dieron una ensalada con una salsa que parecía crema y que sabía a gloria. Era, desde luego, una salsa de roquefort. Alarmado por todos esos años que me perdí ese maravilloso placer, a medida que fueron naciendo nuestros hijos me propuse que les gustara el roquefort desde pequeños, y cuando cumplieron dos o tres meses de nacidos comencé a untárselos en los labios. Fue así como se iniciaron todos en la gastronomía. En Francia también, y particularmente en París, conocimos un paraíso de frutas, la mayoría inexistentes en México y que no llamaré "exóticas" por motivos que no le son ajenos al lector, como el hermoso kiwi, el lichi (el kiwi ya es muy conocido en México, y el lichi un poco), la fruta de la pasión, el rambután, el mangostán, el longan, el *jaquier vert,* la fruta de Attap, la carambola y el *kumquat.* En Francia, por último, hemos ampliado enormemente nuestros conocimientos de la gran cocina francesa, gracias a la exploración de restaurantes, algunos a la altura de nuestro presupuesto y otros que le han causado serios sobresaltos, guiados entre otros amigos por Samuel Ramos, con quien aprendimos a disfrutar (en Au Petit Montmorency) excentricidades tales como el paté de *foie gras* caramelizado (acompañado desde luego con una copa de Sauternes, que desgraciadamente no era un Château d'Yquem) y un guiso de venado con helado de jengibre. Y no haré, desde luego, una lista de los restaurantes. Baste citar algunos como el Grand Véfour, l'Ambassade d'Auvergne, la Fermette Marbeuf, Lapérouse, el Jamin, la Tour d'Argent, desde luego, donde nos tocó el pato número quién sabe cuántos; otros más, habitados por fantasmas literarios, como la Coupole o la Closerie des Lilas, o los más bellos, donde a veces también se come muy bien, como la Bagatelle (en los jardines del mismo nombre, adonde fuimos con el escritor mexicano Juan José Arreola, gran conocedor del vino francés), el Vagenende (donde almorzamos con Martha Flores Olea), el Beauvilliers y el favorito de nuestra hija Paulina, al que tantas veces hemos ido con Enrique y Aída Rivapalacio: el pabellón del parque Montsouris. Fue en un restaurante francés, Sous l'Olivier, donde descubrí las delicias de algo que tampoco me había gustado: el hígado, que yo recordaba como una víscera dura y seca y que en Francia resulta un verdadero lujo (el hígado de ternera, por supuesto; se considera "ternera" al animal que mama; el primer día en que deja de hacerlo, su hígado cambia de sabor y de textura). La lectura también nos ha dado, en París, placer y sabiduría. A Socorro, que lee libros de recetas como quien lee novelas policiacas o de aventuras, la lectura le basta, gracias a su fina percepción, aguzado sentido de las proporciones e intuición y conocimientos culinarios, para reproducir, al mismo tiempo con gran fidelidad y con su toque único y a veces un tanto heresiarca (pero de herejes iconoclastas está lleno el parnaso de los grandes chefs), las recetas más sugestivas a veces en la realidad: como el faisán (naturalmente *faisandé*) con puré de manzana y Cointreau, que forma parte desde hace años de nuestro menú navideño, o platillos tan útiles como el *bourguignon* y el *stroganoff,* y como postres los *profiteroli* y los *zabaglioni,* que siempre salvan el honor cuando se invita a personas que no sabemos qué cosas comen y qué cosas no, o en la imaginación, y es así como, de tanto imaginarse, Socorro, que prepara unas *andouillettes de Troyes* (especie de salchichas que se hacen con "machitos"), unas manitas de puerco *à la Sainte-Menehould,* un conejo de Morteau *à la vigneronne* (o incluso unas codornices en sarcófago como en la película basada en la novela de Karen Blixen *El festín de Babette*), es como si ya hubiera guisado estas maravillas, y yo, de tanto imaginarme que me las cocina, es como si las hubiera comido toda la vida.

En cuanto a mi aprendizaje teórico, imagine el lector todo lo que he disfrutado y aprovechado París, yo, que como el personaje de Günter Grass en su novela *Le Turbot,* tengo varios cocineros dentro (Pessoa tenía poetas; yo, cocineros) que pugnan por salir y que, si en algo me parezco a Brillat-Savarin, es en lo que afirma de él y de su gusto por las palabras Roland Barthes: "Brillat-Savarin desea las palabras como desea las trufas, un *omelette* de atún, una sopa de pescado"... Imagínese, sí, los libros que he encontrado, los tesoros sobre la historia, la literatura, la teoría y la filosofía del arte culinario (muchos de ellos comprados en la preciosa Librairie Gourmande de la rue Dante) y lo que esos libros han alimentado mi imaginación. Así que en Francia, mientras Socorro colecciona recetas, yo me he dedicado a coleccionar anécdotas y curiosidades, al igual que etimologías (que dividiría yo en tres clases: las que son verdaderas e interesantes, las que son poco probables pero hermosas y las que, por último, probablemente son falsas, pero bellísimas). Y es así que en las cenas deslumbro a nuestros amigos contándoles cómo fue que Luis XVI perdió la vida a causa de unas manitas de puerco empanizadas, cómo fue que el marqués de Condorcet perdió la suya a causa de un *omelette* que tenía más huevos de lo conveniente en una época revolucionaria, cómo sucedió que el duque de Richelieu bautizó con el nombre de "mahonesa" a una salsa espléndida que le dieron en la ciudad de Mahón cuando ésta cayó en sus manos en 1756 durante la Guerra de Siete Años, cómo fue que a las *coquilles Saint-Jacques* se les llamó así por ser las conchas en las que comían y con las que pedían limosna los peregrinos que iban a Santiago (Saint-Jacques) de Compostela y cómo, en fin, fue que el rey Enrique VIII de Inglaterra, entusiasmado por las virtudes de un lomo (*loin* en inglés), sacó la espada y le dio un espaldarazo, nombrando al lomo *barón* (*sir,* en inglés), con lo cual esta parte de la res se conoce, desde entonces, como *sirloin.* Pero hablaba yo no de mí, sino de Socorro, y de la cocina mexicana... La persistencia de las características culinarias en los inmigrantes, nos dice Claude Fischler en *L'Homnivore,* parece ser más fuerte que otras características culturales, y es así como las prácticas culinarias son las últimas en desaparecer antes de la asimilación total. Se crean así "platillos *totem*" que, entre los inmigrantes, representan la clave de su identidad. Sobra decir, creo (aparte de que no parecen abundar en el mundo actual los casos de "asimilación total" de inmigrantes), que nosotros nunca hemos sido inmigrantes, ni en Londres ni en París, que por ser una especie de turistas culturales eternos no tenemos la mentalidad del refugiado político o económico, y que si decidimos vivir en Europa unos años (que se transformaron en muchos) fue por razones complejas cuya exposición también escapa a los propósitos de este libro, pero que me parece se transparentan en las páginas de este prefacio en las que hablo de lo exótico y del eurocentrismo. Y sin embargo, el hecho de que viviéramos en una isla, nuestra casa, dentro de esa otra isla que era Inglaterra, y el hecho de que, de alguna manera, como el caracol, nos llevamos nuestra casa y nuestra patria a cuestas, y no porque ser mexicanos fuera mejor que ser ingleses o franceses, tampoco peor, pero sí diferente, y no podíamos dejar de serlo, preservar los valores y las delicias de la gran cocina mexicana, la cocina de nuestros padres y de nuestros abuelos, la cocina de nuestros muertos, se transformó en un arma, en un muro, necesarios para defender nuestras tradiciones, nuestra privacía y nuestro derecho a la diferencia, contra los bárbaros. Los bárbaros, en nuestro caso, los *bloody foreigners,* los malditos extranjeros, eran desde luego los ingleses (de quienes, en todo caso, respetamos siempre su gran sentido del humor, para ser honestos). Y fue así como la cocina de Socorro, a medida que se internacionalizaba, se hacía, también, cada vez más mexicana. Y yo, feliz, y no porque la cocina mexicana sea la mejor del mundo, pero como si lo fuera…

Terminaré con una cita de nuestra maravillosa y célebre poeta del siglo XVII, sor Juana Inés de la Cruz, quien en su *Respuesta a sor Filotea,* en un párrafo en el que habla de "filosofías de cocina", dice: "Si Aristóteles hubiera guisado, mucho más hubiera escrito".

Dé, pues, gracias el lector que es Socorro, y no yo, el cocinero, pues si yo guisara, este prefacio hubiera sido cuento de nunca acabar.

16 avenue Reille,
París 14-1990-1991

LAS RECETAS

ACLARACIONES Y CONSEJOS GENERALES

Jitomate y tomate

En nuestro libro, le llamamos siempre *jitomate* al que es rojo, si bien sabemos que en algunas partes de la República se le llama nada más *tomate.* Y llamamos *tomate* al verde, también conocido en algunas regiones como *tomatillo.* Por supuesto, cuando hablamos de *puré de tomate* nos referimos al que así se llama, ya enlatado, y que es el rojo. Para pelar los jitomates se ponen en agua hirviendo sólo unos segundos, y se les observa. Cuando se nota que la piel comienza a desprenderse, es tiempo de sacarlos y pelarlos. Por supuesto, si los jitomates están destinados a hacer una salsa, se les deja hervir un poco más para que se ablande la pulpa. El tomate verde tiene una cáscara apenas pegada al fruto, que se desecha. La piel o cutícula pegada a la pulpa siempre se conserva.

Yerbas de olor

Se designa con este nombre al conjunto —un ramito— de tres yerbas muy importantes para la sazón en la cocina: tomillo, mejorana y laurel. Las proporciones de cada una pueden variar según el platillo y el gusto personal. Cuando no se consigue mejorana, puede sustituírsele con orégano.

Champiñones y hongos en general

No hay que lavarlos *nunca* ni dejarlos remojar. Se les quita con las uñas el pellejo, y se limpian con cuidado con un trapo húmedo. Se les cortan los extremos de los tallos, que es donde pueden acumular un poco de tierra. Por supuesto, los hongos enlatados se usan directamente, sin más ni más.

Frijoles refritos

A nadie, en México, vamos a enseñarle a hacer frijoles. Pero en vista de que los "refritos" forman parte de varios platillos, sugerimos, para hacer éstos, que cuando ya estén listos los frijoles caldosos, se ponga una sartén con un poco de aceite en lumbre baja. Se escurren los frijoles para que queden con muy poco caldo y mientras se fríen se apachurran con un machucador de papa o un tenedor. Se les pone sal y un poco más de aceite, si es necesario. Se fríen hasta que queden tan secos como se desee.

Sal

Aunque a veces omitimos la sal en la lista de ingredientes de algunos platillos, todos sabemos que es esencial en la cocina de los así llamados "platos salados", y debe emplearse al cálculo y al gusto.

ABREVIATURAS USADAS EN ESTE LIBRO

g:	gramo	k:	kilo
l:	litro	dl:	decilitro
ml:	mililitro	cl:	centilitro
aprox.:	aproximadamente		
vid.:	ver receta correspondiente		

SALSAS

SALSA ROJA DE JITOMATE

(1/4 de litro)

200 g de jitomate (aprox.) / 50 g de cebolla
1 diente de ajo / chile verde fresco
1 cucharada copeteada de cilantro fresco picado
aceite / sal

Se pela el jitomate, se le quitan las semillas y se licua, junto con la cebolla, el diente de ajo, media cucharadita de sal y una cucharada copeteada de cilantro fresco picado. Se pone a calentar en una sartén un poco de aceite (una cucharada y media) y allí se fríe la salsa, unos minutos, hasta que el aceite esté bien caliente. Se agrega chile verde fresco, picado, al gusto.

SALSA DE AGUACATE

(1/4 de litro)

300 g de aguacate pesado con hueso
salsa roja de jitomate *(vid.)* / limón

Se agrega a la salsa de jitomate de la receta anterior el aguacate, molido con tenedor y unas gotas de limón.

SALSA DE TOMATE VERDE

(1/4 de litro)

30 g de chiles verdes / 340 g de tomate verde 25 g de cebolla / 2 cucharadas de cilantro fresco picado / 1 diente de ajo / sal

Los chiles se ponen a hervir unos tres minutos. Se le quita el líquido a los tomates verdes y se muelen en licuadora con el resto de los ingredientes: la cebolla, el diente de ajo, el cilantro y los chiles, éstos ya escurridos y sin tallos. La cantidad de chile depende, como siempre, de la afición que se tenga por el picante.

SALSA DE TOMATE VERDE CON AGUACATE

Se hace la salsa tal como se indica en la receta anterior. Después se muele con un aguacate. Se prueba por si necesita más sal.

SALSA DE CHILE PASILLA

(1/4 de litro)

20 g de chile pasilla (4 chiles aprox.)
100-120 g de jitomate / 3 dientes de ajo
30 g de cebolla / sal

Los chiles se asan en una sartén sin aceite o en una plancha, bien caliente, por uno o dos minutos, volteándolos, cuidando que no se quemen. Se dejan enfriar, se abren y se les quitan las semillas y las venas. Se lavan las manos cuidadosamente.

Los chiles se ponen a hervir unos siete minutos para que se ablanden. Se pone en la licuadora el jitomate sin cáscara y sin semillas, con la cebolla, el ajo, los chiles, una cucharadita de sal y, del agua donde se cocieron los chiles, media taza. Puede consumirse así, o después de freírla en una cucharada de aceite por unos tres minutos.

SALSA DE CHILE ANCHO

Se sigue exactamente el procedimiento de la receta anterior con las mismas proporciones, sustituyendo el chile pasilla por el chile ancho.

SALSA DE PIMIENTO ROJO

(1/4 de litro)

100 g de pimiento rojo / 150 g de jitomate
20-30 g de cebolla / 1 diente de ajo
1 cucharada de aceite de oliva / salsa Tabasco
o pimienta de Cayena / sal

El pimiento se asa directamente en el fuego hasta que se queman algunas partes de la cáscara. Se pone en una bolsa de plástico "a sudar", de veinte a treinta minutos. Después se coloca en agua caliente para quitarle la cáscara; se pela el pimiento, se corta, se le quitan las semillas y se licua con la cebolla, el jitomate sin cáscara y sin semillas y el diente de ajo exprimido, sal al gusto y una cucharada de aceite de oliva. Se agrega pimienta de Cayena o salsa Tabasco al gusto.

SALSA ACAPULCO
(salsa coctel)

1/2 taza de salsa catsup / 1 limón (50 ml aprox.)
1 naranja (el jugo) / salsa inglesa (unas gotas)
salsa Tabasco (unas gotas) / sal y pimienta /

Se mezclan todos los ingredientes. La salsa Tabasco es, desde luego, optativa.

LO QUE MÉXICO LE DIO AL MUNDO

El Aguacate

Elogio del aguacate

En una de las siete colinas de Roma, en los lujuriosos jardines del monte Pincio creados por el general e ilustre gastrónomo Lucius Licinius Lucullus crecieron, hace más de un siglo, dos árboles de aguacate que fueron enviados desde México por su efímero emperador, Maximiliano de Habsburgo. Es de suponerse que no dieron fruto y por ello el aguacate tampoco triunfó en ese segundo intento de conquistar el gusto europeo. El primero fue a principios del siglo XVII, cuando unos viajeros españoles, de regreso de América, le obsequiaron el precioso fruto a Felipe III, hecho que, al parecer, no tuvo trascendencia. El aguacate, otra de las dádivas de México al mundo, fruto "de excelsitud autónoma", como lo califica el poeta mexicano Salvador Novo, era ya conocido y apreciado por los mexicanos, según indican las investigaciones, por lo menos ocho mil años antes de la era cristiana, y el árbol estaba considerado como sagrado en tanto símbolo de la vida, por razones que caen por su propio peso: *ahuacátl,* en lengua azteca, significa "testículo". Tuvieron, en efecto, que pasar varios siglos para que este fruto comenzara a ser conocido en Europa, tras haberse extendido su cultivo con gran éxito en los Estados Unidos y América del Sur —donde se le conoce como "palta", palabra de origen quechua— así como en algunos países africanos y, muy particularmente, en Israel, cuyos deliciosos aguacates —como los de California— son de alcurnia mexicana. Sin embargo, durante ese largo tiempo en el que Europa se perdió el placer de comer aguacate, fueron muchos los conquistadores, viajeros y eruditos europeos que describieron y elogiaron este fruto, cuya verde pulpa mereció alguna vez el nombre de "mantequilla de árbol". Entre ellos, Sahagún —el autor de *Historia de las cosas de la Nueva España*—, González de Oviedo, el célebre botánico Francisco Hernández, quien afirmaba que el aguacate "excita extraordinariamente el apetito venéreo", y fray Toribio de Benavente. Por otra parte, el explorador inglés Job Hortop habla del aguacate en 1568, y el francés Samuel Champlain lo describe en 1599. Lo que parece contradecir al conocido filólogo Albert Dauzat, quien, al referirse al término *avocat,* versión francesa de *aguacate,* afirma que sus compatriotas lo conocieron en 1771, o sea unos veinte años después que George Washington, quien gozó por primera vez del aguacate en Barbados. Y de pronto, llegan los años sesenta (del siglo XX) y con la revolución, entre otras, del transporte y la propagación del cultivo del aguacate, el lujurioso fruto del *Persea gratissima* (nombre del árbol del aguacate en el lenguaje verde de Linneo) comienza a inundar los mercados de Europa. Pero si el aguacate llega tarde al Viejo Mundo, los europeos, en cambio, van mucho más lejos que los mexicanos en su audacia, y diversifican al infinito el uso del aguacate. Es verdad que ya desde 1965 vemos una receta de aguacate al horno en el famoso *The Robert Carrier Cookbook,* pero hasta allí llegó el atrevimiento de Carrier en lo que al aguacate concierne. Nosotros, los mexicanos, no podemos imaginarnos al aguacate sino crudo, ya sea solo, en guacamole, con vinagreta, en coctel de mariscos, en *mousse* y, si acaso, en helado. Pero Elisa Vergne, chef francesa, y L. Benavides Barajas, chef español, nos dan una lección de inventiva culinaria. La primera, en su libro *Recettes aux fruits exotiques,* nos presenta quince apetitosas formas de comer aguacate, y el segundo, en *La cocina del aguacate,* nos ofrece nada menos que ciento cincuenta recetas, que incluyen bebidas frescas, cocteles, sopas, ensaladas, infinidad de guisos y numerosos postres, todo, como el título del libro lo indica, preparado con aguacate. Si bien desde el punto de vista científico se considera que todos los aguacates del mundo pertenecen a una de tres "razas", conocidas como mexicana, guatemalteca y antillana, el lector encontrará la descripción de las variedades más importantes en el libro *La Passion des fruits exotiques* de Monique Guillaume e Yvonne de Blaunac: el *ettinger,* de piel verde y pulpa suave de color verde pálido; el *fuerte,* de pulpa más consistente; el *nabal* redondo, de piel oscura y pulpa de color intenso; el *lula,* grande y de piel muy lisa, y el *hass,* de piel granulosa y dura, casi negra. Benavides añade a estas variedades otras que se llaman *rincón, gema, bacon* y *reed,* producidas, en su mayor parte, nos dice, en las Canarias. Por mi parte, nunca he encontrado en los Estados Unidos o Europa un aguacate pequeño, de piel negra y lustrosa —que se come también por su delicioso sabor— y de cuyo nombre no logro acordarme, aunque desde luego lo tengo siempre en la punta de la lengua. (Me dicen que es conocido como el aguacate de Querétaro, ciudad donde, qué coincidencia, fue fusilado el malhadado Maximiliano.)

ENTRADAS

(En México no se usan mucho las entradas, y se comienza por lo general con una sopa, pero varios platillos, como los siguientes y los enlistados bajo el título de "Ensaladas", pueden servir como muy buenos comienzos.)

CREPAS

(12 crepas)

Aunque la crepa, como se sabe, es un invento francés, esta especie de tortilla de harina puede ser muy útil en la cocina mexicana, ya que, con dos o tres, rellenas de hongos, rajas con crema o huitlacoche *(vid.)*, por ejemplo, se hace una buena entrada. Con más, un buen plato de resistencia. Y rellenas de mermelada o cajeta, un muy buen postre. De modo que por eso incluimos la receta de estas delicias.

2 huevos / 100 g de harina
2 cucharadas de mantequilla / 1 taza de leche
1 cucharada de ron o brandy (opcional)
1/2 cucharadita de sal

Se baten en la licuadora los dos huevos completos, con la harina, media cucharadita de sal y el ron o el brandy, si se desea. Se derrite la mantequilla en una sartén, cuidando que no se ennegrezca. El licuado debe tener la consistencia de una crema aguada. Se cuela y se deja reposar dos horas como mínimo, para evitar los grumos. Si resulta espesa, se adelgaza con un poco de leche o agua. Ya reposada, la mezcla se vierte en la sartén de la mantequilla derretida, poco a poco, usando un cucharón de sopa cada vez, y moviendo la sartén de modo que la mezcla llegue a todas las orillas y quede redonda. Se fríe por un lado, luego se voltea con un cuchillo especial para crepas o con la ayuda de una palita, para freírla por el otro lado. Las crepas deben quedar un poco tiernas, no tostadas.

*

VINAGRETA

(4 personas)

Vinagretas, o aderezos para ensaladas, existen en una variedad infinita, según se agreguen o se excluyan ingredientes como el eneldo, la mostaza, el huevo, etcétera. Damos aquí una de las recetas más sencillas y clásicas, para que sirva de referencia.

75 ml de aceite de oliva / 1/4 de cucharadita de pimienta / 1/4 de cucharadita de mostaza 1 diente de ajo (exprimido) / unas gotas de salsa inglesa / 25 ml de vinagre (el sabor de cada vinagreta varía también, desde luego, con cada vinagre) / 1/2 cucharadita de sal

Se revuelve todo con cuidado y con amor, y ya está.

*

AGUACATE A LA VINAGRETA

(4 personas)

2 aguacates grandes
1/2 taza de salsa vinagreta (aprox.) ***(vid.)***

Se parten los aguacates a la mitad, dejándoles la cáscara. Se les quita el hueso. Se pone una mitad en cada uno de los cuatro platos y se baña con la vinagreta. Puede servirse en cama de lechuga.

AGUACATE CON SALSA ACAPULCO

(4 personas)

2 aguacates grandes
1/2 taza de salsa coctel o Acapulco (aprox.) ***(vid.)***

Se parten los aguacates a la mitad, dejándoles la cáscara. Se les quita el hueso. Se pone una mitad en cada uno de los cuatro platos, y se baña con la salsa coctel. Puede servirse en cama de lechuga. Los aguacates son también deliciosos con salsa Mil Islas, que puede prepararse a base de una combinación de mayonesa y salsa catsup.

GUACAMOLE
(6 personas)

700 g de aguacate (2 aguacates, aprox.)
100 g de cebolla / 200 g de jitomate
1 cucharada de cilantro fresco / sal / limón

Se pica la cebolla muy finito. Lo mismo el cilantro. Los jitomates se ponen en agua bien caliente de diez a veinte segundos para quitarles la cáscara fácilmente. Los aguacates se cortan en pedazos pequeños y se muelen con un tenedor. No se use licuadora. Se les agrega el cilantro y la cebolla, picados. El jitomate se parte primero en cuatro partes para eliminar las semillas. El resto del jitomate se pica y se mezcla con el aguacate. Se añaden dos cucharaditas de sal y el jugo de medio limón para evitar la oxidación. De preferencia, el guacamole debe prepararse un poco antes de servirlo. Si no es así, es mejor dejarle los huesos y taparlo. Se quitan los huesos al servirlo.

VOLOVANCITOS CON GUACAMOLE

(24 volovancitos)

Se rellena cada volovancito con una cucharadita de guacamole. Se pueden comer a la temperatura ambiente o calentar unos minutos en el horno o en el microondas. Generalmente, con el guacamole para seis personas basta para los veinticuatro volovanes

*

MOUSSE DE AGUACATE

1/2 k de aguacates no muy maduros, pesados con el hueso / 4 cucharaditas de gelatina sin sabor
1/2 litro de crema / 2 limones
1/2 k de camarones ya cocidos / 150 g de cebolla
1 cucharada de cilantro fresco picado
1/2 pimiento verde o rojo / sal y pimienta

Para este platillo se necesita de preferencia un molde de rosca y debe comerse el mismo día, pues si no es así el aguacate se ennegrece. Se calienta un poco de agua, y mientras tanto se vacían los aguacates y se les hace puré con un tenedor. Ya caliente el agua, se pone una cucharada en otro traste, se le agrega la gelatina y se bate para desbaratarla. Se incorpora a ésta el medio litro de crema y se revuelve bien. Se añaden dos cucharadas de sal y el puré de aguacate, y se revuelve de nuevo. Se engrasa ligeramente el molde y en él se vacía la mezcla. Se mete al refrigerador por unas dos horas, hasta que cuaje. Los camarones, ya cocidos, se mezclan con el cilantro, la cebolla finamente picada, el jugo de dos limones, sal y pimienta al gusto. Se vacía el *mousse* y se colocan los camarones en el centro y alrededor. Se adorna con tiras de pimiento verde o rojo.

CEVICHE

(4-6 personas)

500 g de filete de pescado (sierra o guachinango)
3-4 limones grandes / 100 g de cebolla
1 1/2 aguacates / 4 a 6 hojas pequeñas de lechuga
4 jitomates pequeños / 1 cucharada de aceite de oliva / aceitunas / orégano / sal y pimienta
1 cucharada de cilantro fresco picado
chiles verdes

El pescado se corta en pedazos pequeños, como cubos, cuidando que no se vaya ninguna espina. Una vez cortado, se pone en un plato o traste hondo y se le cubre totalmente con el jugo de los limones; se guarda en el refrigerador un mínimo de seis a ocho horas o, de preferencia, toda la noche. Es importante cubrir bien todo el pescado con el zumo, de aquí que a veces sean necesarios más de cuatro limones. Una vez cocido el pescado (el jugo lo cuece), se cuela para eliminar el zumo. Se pica la cebolla y se agrega al pescado. Los jitomates, sin cáscara y sin semillas, se agregan también junto con un puñado de aceitunas y dos cucharaditas del vinagre de éstas, una cucharada de aceite de oliva y la cucharada del cilantro picado, sal y pimienta y una pizca de orégano. Se sirve con aguacate en rebanadas y en una cama de lechuga. Se le puede añadir, al gusto, chile verde picado.

*

COCTEL DE CAMARONES

(4 personas)

200-250 g de camarones / 75-100 g de jitomate
100 g de cebolla / salsa inglesa o Tabasco / 1 limón
1 aguacate / salsa catsup / 6 hojas de lechuga
1 cucharada de cilantro fresco picado
sal y pimienta / 1 cucharadita de aceite de oliva

Los camarones se compran ya cocidos, se descongelan o se lavan. Se pican 100 g de cebolla (aprox. dos cucharadas) y se agregan a los camarones junto con una cucharada grande, copeteada, de cilantro picado, el jugo de un limón y los jitomates, ya picados, sin cáscara y sin semilla. Se mezcla todo y se le agrega sal y pimienta al gusto, así como catsup al gusto y un chorrito de salsa inglesa o Tabasco, o bien de tres a cuatro cucharadas de Salsa Acapulco *(vid.)*. Se sirve cada porción en una cama de lechuga con rebanadas de aguacate. También puede agregársele a la salsa una cucharadita de aceite de oliva.

CHAMPIÑONES AL PEREJIL

(4-6 personas)

1 k de champiñones / 150 g de cebolla (aprox.)
1 cucharada copeteada de perejil fresco
50 g de mantequilla / 2 dientes de ajo / 1/2 limón
sal y pimienta / aceite (de preferencia de oliva)

Los champiñones nunca se lavan. Se limpian y se les quita bien la tierra con una brocha o un trapo limpio. Se les corta la punta de la base. Se pone la mantequilla en una sartén, a que se derrita, junto con tres cucharaditas de aceite. Se rebana la cebolla en tiras y se fríe en la mantequilla hasta que se acitrone, junto con el ajo. Se rebanan los champiñones a lo largo, se echan en la sartén y se revuelven, a fuego mediano, junto con una cucharadita de sal, pimienta, el jugo de medio limón y el equivalente a una cucharada copeteada de perejil picado; se tapa hasta que se cuezan bien (unos diez minutos). Para que no se quemen, se baja la lumbre y se agrega un poco de agua si se secan.

Elogio del maíz

Cuentan las antiguas leyendas mexicanas que el dios Quetzacóatl se transformó en hormiga para realizar una hazaña semejante a la de Prometeo: robarse un grano del maíz que estaba escondido en una cueva, para dárselo, según los aztecas, a los hombres. Según los quichés —y así afirma ese maravilloso relato que nos dejaron, el *Popol-Vuh*— para entregarlo a otros dioses, los cuales, con los granos de las mazorcas, formaron las carnes de los primeros seres humanos. Es decir, ése fue el tercer intento, ya que primero hicieron al hombre de barro y luego de madera, pero ambos fueron destruidos por el agua. Sólo el hombre de maíz sobrevivió. Lo que no nos dice la leyenda, tomando en cuenta que hay maíz blanco, amarillo, azul, rojo y negro, es de qué color salieron esos primeros seres humanos.

Sea como fuere, el cultivo del maíz, que junto con el trigo y el arroz es uno de los tres alimentos básicos de la humanidad, se remonta en América a unos dieciséis mil años, y comenzó, según otras crónicas, en la no menos legendaria región conocida como mansión de los dioses, lugar del ave y la serpiente y paraíso del Oriente de abundancia colosal, que se llamó Tamoanchan, en las Huastecas mexicanas. De allí, sin duda, se extendió hacia lo que hoy conocemos como Centro y Sudamérica. Porque este continente nuestro, el americano, es sin duda la tierra del maíz. Tierra y cuna, cuna y cama, lecho, hamaca del maíz, cofre que encierra sus granos de oro, boca de terracota que ríe con sus dientes de sol: asociada al astro rey, símbolo de la vida, la resurrección y la muerte —cuando muere un indio huichol de la Sierra del Nayar se le entierra con un tambache de tortillas—, reverenciada todavía por los habitantes de la península de Yucatán, quienes después de cuatrocientos años de influencia cristiana, y como lo cuenta Eric Thompson en su libro *Grandeza y decadencia de los mayas,* no dejan de designar al maíz como Su Alteza o Su Gracia, cuando le dirigen la palabra, esta maravillosa gramínea forma parte, desde siempre, de nuestra historia y nuestra geografía, de nuestra literatura.

Y así como el anónimo cantor azteca habló con la voz de la mata tierna del maíz: "Una esmeralda es mi corazón: veré el oro del agua", cinco siglos después el delicioso poeta zacatecano Ramón López Velarde le recuerda a México: "Patria, tu superficie es el maíz", el gran novelista guatemalteco y Premio Nobel Miguel Ángel Asturias entreteje la realidad y la fantasía en su novela *Los hombres de maíz,* en la que los adoradores de la gramínea luchan contra los grandes plantadores que los explotan, y el nicaragüense Tomás Borge, en su hermosísimo libro *La paciente impaciencia,* nos dice:

> Nicaragua es la tierra del maíz. Maíz que crece en suelos fértiles, maíz que se levanta a desafiar al sol. Maíz cuarenteño, maíz sábana, maíz sangrecristo, maíz altivo. Hay también maíces criollos conocidos por chontaleño, tusa morada, tusa nine, blanco malaco, maíz de montaña. Con este grano se hacen tortillas, sopas, refrescos, pasteles, postres, panes, tamales, atoles, platos fuertes y débiles, destilados como la cususa. Hay platos como maría de cazuela, ajiaco, chanfaina, repocheta, lengua fingida, pinol de carne, quequerote, huevo chimbo, churros, nacatamal, totoposte [...]

Es en esta retahíla de nombres, sin traducción a ningún otro idioma —a los que se agregan los nombres del maíz, que de tantas maneras ha sido llamado: trigo de Indias, panizo de Indias, grano turco, borona, sin contar los nombres científicos de las más de mil quinientas variedades que clasificaba hace más de treinta años la Fundación Rockefeller, y las cien variedades híbridas que se producen en México anualmente—, en las que descansa la magia y el poder de este alimento, que en tantas cosas distintas se transforma. Porque a la lista de Borge podemos agregar, en México, otras mil delicias: tacos, garnachas, quesadillas, memelas, gorditas, chileatole, tamal de cazuela, pozole, totopos, tostadas, arepas, petroleras, enchiladas, enjococadas, panuchos, papadzules, peneques y chilaquiles; el lector podrá gozar de unas cuantas de estas maravillas si sigue las recetas que contiene este humilde libro.

El maíz —su nombre definitivo proviene del haitiano *mahis* o *mahys* que le inspiró a Linneo su designación científica *Zea mays*— fue conocido por Cristóbal Colón apenas unos cuantos días después de haber llegado a América, en la isla Fernandina, según lo cuenta en su biografía su hijo Hernando, quien se refiere a él como un fruto de "buenísimo sabor". También los colonos que fundaron los Estados Unidos tuvieron oportunidad de constatar las bondades del maíz: no sólo la princesa Pocahontas deleitó con este alimento a su capitán inglés John Smith, sino que, además, el maíz salvó de la hambruna (entre 1622 y 1623) a los peregrinos del *Mayflower,* gracias a que los pieles rojas lo compartieron generosamente con ellos, o al menos eso dicen las buenas lenguas.

El maíz

Desde entonces, el menú de la comida del Día de Acción de Gracias de los norteamericanos, el *Thanksgiving Day,* incluye el maíz, si bien este cereal nunca sustituyó al trigo, como lo hubiera deseado Benjamin Franklin, aunque continuó siendo alimento básico de algunas o de muchas tribus, como los natchez, según nos cuenta Chateaubriand en su libro *Les Natchez. Voyage en Amérique.*

Según nos cuenta también, a propósito de esta misma obra, Colette Guillemard, quien en su libro *La fourchette et la plume* nos da una receta, que ignoro si la proporciona el célebre escritor y político francés o la inventa ella: *Le maïs à l'indienne.* En el Viejo Mundo, a pesar de que llegó a cultivarse en grandes cantidades —tenemos datos que indican que, hacia fines del siglo XVIII, se recogieron más de cuatro millones de fanegas en la costa cantábrica y Galicia—, los europeos lo utilizaron siempre más como forraje que como alimento para los seres humanos. Las cosas, desde luego, han cambiado, pero no mucho.

El maíz aparece por primera vez en un libro de cocina (según afirma Jean-Louis Flandri): *La Cuisinière Bourgeoise,* edición de 1746, pero como *pickle* o "cornichón" de "trigo de Turquía". El escritor mexicano Alfonso Reyes nos habla de las gachas de Valencia y, de Canarias, de frangollos y gofio, cosas todas cocinadas a base de maíz o harina de maíz. Una de las sopas más populares de la cocina china es la de maíz, y éste, en forma de mazorca tiernísima, recién formada —el *xilote* de los mexicanos—, figura en muchas de sus ensaladas. André Castelot nos señala que en el Périgord existe un platillo llamado *Miques,* a base de bolas de maíz y trigo, así como una deliciosa tartaleta de pasta de maíz. Las gachas o "puches" de harina de maíz, conocidas como *polenta,* son también populares en Rusia.

Definida asimismo, la polenta, como una especie de papilla o puré de maíz, aparece siempre en los recetarios italianos y de algunos países de Europa central. Es así como el libro *175 recetas de cocina rumana,* de Ana Ianco, nos ofrece toda una sección dedicada a platillos a base de polenta.

Por otra parte, millones de personas consumen diariamente el *whisky* norteamericano, conocido como *bourbon,* que se destila del grano de maíz, o la famosa miel Karo, que se hace con este grano, o, desde luego, los *corn flakes* y otros cereales elaborados a partir del maíz, o bien cocinan con aceite de maíz y consumen platillos cuyas salsas fueron espesadas con Maizena... y millones más, en esos templos que, por fortuna, aún en nuestra época son las salas de cine, adoran a los dioses y diosas de la pantalla mientras ingieren, sin interrupción, granos de una variedad de maíz conocida en su forma más explosiva: las palomitas, con las que México contribuyó al rito manducatorio y masticatorio de los cinéfilos, como el chocolate, los cacahuates y, desde luego, el chicle o *chewing-gum.*

Por último, la mazorca del maíz, no por su sabor, sino por su forma, ha tenido otro destino: el de influir en la arquitectura, como lo señala Maguelonne Toussaint-Samat, al referirse a las torres espiga de un barrio de las afueras de París, Créteil, y a la ciudad de Chicago.

Elogio del frijol

Nuestro amigo Néstor Luján avala, al calificarlo como "irrefutable", el testimonio de un escritor de la corte de Médicis, Paolo Valeriano, quien en un poema dedicado a Catalina, cuando ésta parte hacia Francia, dice: "La joven esposa, adornada de joyas, viaja hacia el Loira, pero se alegra de la joya más preciada de todas: las semillas de una nueva planta, que enriquecerá los campos de su nueva patria". Estas semillas habían sido bautizadas en Italia con la palabra *fiesole,* de la que al parecer derivó la palabra que hoy se usa en México, frijol. Por su parte Toussaint-Samat, quien está de acuerdo en que estos frijoles —o judías, o alubias, o porotos, como los llaman en Venezuela— viajaron "entre perlas y encajes" en el equipaje de Catalina, nos indica que estos granos, llegados del Nuevo Mundo, habían sido estudiados, a pedido del papa Clemente VII, por el canónigo Piero Valeriana —¿pariente de Paolo? ¿o hay una confusión y se trata, en ambos casos, de Pierio (y no Piero) Valeriano, el autor de *De infelicitate literatorum*?— y que fue éste quien convenció a Alejandro de Médicis para que las semillas viajaran a Francia con la futura princesa y reina. Desembarcada en Lyon, gracias a estos frijoles, nos dice Toussaint-Samat, el *cassoulet* de Languedoc se colmó de sentido. La misma autora nos cuenta —oh decepción para mí, gran admirador de Rabelais, pero en fin, nadie es perfecto— que Panurgo acusó a los frijoles (los *fazeoloz,* como los llama) de hacer la Cuaresma "aún más desagradable". Sin embargo los frijoles tuvieron en Francia un gran éxito, y con ellos, y quizá más, la baya del frijol tierno, conocido en México como *ejote* (del náhuatl *exotl*), que no es otra cosa que los *haricots verts.* Por otra parte, hay cuando menos dos franceses: el botánico Gaston Leclerc, autor del libro *Les Légumes de France,* y el poeta de origen cubano José María de Heredia, que afirman que la palabra francesa *haricot* viene del azteca *ayacotl,* como se llamaba al grano en México. Sabemos que, desde luego, no todas las variedades de frijoles que hay en Europa, y que son muchas, proceden del continente americano. En México, por ejemplo, se conoce muy poco el frijol verde, pequeño, tan popular en Francia, que aparece en muchos platillos, y muy especialmente como guarnición del cordero. El caso es que los frijoles negros no se comen en Francia y los rojos poco, como no sea en Orleans, al vino tinto, al igual que a la moda bourguignona (nos dicen Castelot y el *Larousse gastronomique,* respectivamente). En México, como hemos dicho, los frijoles son, junto con la tortilla y el chile, uno de los alimentos básicos del pueblo. En Cuba se guisan con carne de puerco, como en la península de Yucatán, y en el Brasil son el ingrediente principal de la famosa *feijoada.*

SOPAS CALIENTES

SOPA DE TORTILLA

(4 personas)

6-8 tortillas (150 g aprox.) / 200 g de jitomate
1 ramita de epazote / 2 cubitos de consomé
de pollo / 2 chiles pasilla medianos
75-100 g de queso cotija o añejo / sal y pimienta
1-2 ajos / 1/4 de cebolla mediana

Se desbaratan dos cubitos de consomé de pollo en una taza de agua hirviendo. Se muelen en licuadora el jitomate, la cebolla y el ajo y se cuelan. En la olla de la sopa se ponen dos cucharadas de aceite, y cuando esté bien caliente, se fríe la mezcla por unos cinco minutos. Se le agrega la taza de consomé y un litro de agua caliente, más la ramita de epazote. A partir del hervor se baja la lumbre, se tapa y se deja de diez a quince minutos más. Se cortan las tortillas en tiras delgadas, del ancho de un tallarín. Es mejor cortarlas desde el día anterior. En una sartén se pone aceite generosamente y cuando esté bien caliente se fríen las tortillas por varios minutos hasta que queden doradas. Se limpian los chiles con un trapo, sin mojarlos, y se fríen ligeramente. Cuando se inflan (en menos de un minuto) se sacan del aceite. La tortilla se echa en el caldo para que hierva con lumbre baja unos tres o cuatro minutos. Al servirse se le pone el queso desmoronado con los dedos y en un plato los chiles para que cada quien se sirva.

CREMA DE ELOTE

(4 personas)

400 g de elote desgranado (3 tazas aprox.)
1 lata de leche evaporada / sal y pimienta
25 g de mantequilla

Se ponen los granos de elote a hervir en medio litro de agua a fuego mediano, y se deja de quince a veinte minutos a partir del primer hervor. Se separan dos cucharadas de granos y el resto se muele en la licuadora con poco líquido y la mitad de la leche. En la olla donde se va a guisar la sopa, se pone la mantequilla a calentar, se le echan los granos de elote, colados, se agrega la otra mitad de la leche y del líquido en que se cocieron los granos, hasta completar un litro y medio, sal y pimienta al gusto, y las dos cucharadas de granos de elote que se apartaron previamente. Cocinar unos minutos.

CREMA DE CILANTRO

(4 personas)

40 g de cilantro fresco / 3 cubitos de consomé de pollo / 150 g de queso de cabra pimienta negra / 1 diente de ajo 4 tiras de tocino / 30-40 g de cebolla / sal

Al manojo de cilantro se le cortan las puntas. El resto, hojas y tallos, se lava muy bien, se seca con la ayuda de servilletas de papel, se corta en tres o cuatro partes y se pone en la licuadora, junto con el queso completo, la pimienta, la cebolla partida, el diente de ajo, sal al gusto y una taza de agua. Se muele bien. En una olla se ponen a hervir tres cuartos de litro de agua con los cubitos de consomé de pollo. Cuando éstos se han desbaratado se agrega la mezcla, se calienta hasta hervir y se aparta de la lumbre. Antes, si se desea más espesa, se le agrega Maizena al gusto. Para servirse, se corta el tocino en pedacitos y se fríe, para que cada quien lo agregue a su plato. También puede servirse con pedacitos de pan fritos o tostados.

CREMA DE ZANAHORIA

(4-6 personas)

1 k de zanahorias / 1 lata de leche evaporada
25-30 g de cebolla / 1 diente de ajo
25 g de mantequilla / 1 cucharadita de azúcar
sal y pimienta / nuez moscada

Se lavan y se pelan las zanahorias. Se parten en pedazos pequeños y se ponen a cocer en un litro de agua en lumbre fuerte de treinta a cuarenta minutos. Se pone en la licuadora el diente de ajo y la cebolla, partida. Se agregan las zanahorias con sólo una taza del agua en que se cocieron, más una cucharadita de sal y otra de azúcar y se licua todo. Se pone la mantequilla en una olla a fuego mediano. Se vacía allí el puré de zanahoria, se agregan dos tazas más de agua, la lata de leche evaporada, y se revuelve bien. Si la mezcla está un poco espesa, se le puede agregar más agua o leche. Se le pone un poco de pimienta, una pizca de nuez moscada y se sigue calentando y moviendo, hasta que suelte el hervor.

CREMA DE ESPINACAS
(4 personas)

300 g de espinacas frescas o congeladas
1 litro de leche entera (o sea, sin desgrasar)
o 1 lata de leche evaporada / 3 rebanadas
de pan de caja / 1 diente de ajo pequeño
1 trozo mediano de cebolla / 3-4 ramas de cilantro
mantequilla / sal y pimienta

Se lavan muy bien las espinacas, se les quitan los tallos y se ponen en un poco de agua con una pizca de sal. Se hierven por dos o tres minutos. Se dejan enfriar un momento y se ponen en la licuadora con la cebolla, el ajo, el cilantro y una taza de leche entera, o bien la lata de leche evaporada. Se licua todo. Se fríe el líquido con un poco de mantequilla y se le agrega el resto de la leche entera, o bien si se usó leche evaporada, tres tazas de agua. Se prueba y se le pone sal y pimienta al gusto. A las rebanadas de pan se les quitan las orillas, se cortan las rebanadas en cuadritos y se fríen en aceite. Se escurren bien. A la hora de servir se llevan a la mesa, para que cada quien ponga a su gusto los cuadritos en la sopa. Se puede adornar con un poco de crema. Le van muy bien unas gotas de salsa Tabasco.

CREMA DE FLOR DE CALABAZA

(4-6 personas)

200 g de flor de calabaza en lata / 1 lata de leche evaporada / 25 g de cebolla / 1 diente de ajo / mantequilla / 2 ramitas de cilantro / 50-60 g de granos de elote / sal y pimienta

Se pone en la licuadora el contenido de la lata de flor de calabaza, el diente de ajo, la cebolla, una cucharadita de sal y la lata de leche evaporada. Se muele todo. En una olla se pone a derretir una cucharada de mantequilla y, una vez derretida, se le agrega la mezcla, tres tazas de agua, un poco de pimienta, los granos de elote y las dos ramas de cilantro fresco, que se le quitarán antes de servir. Se menea y se deja hasta que hierva. Se prueba por si necesita más sal o pimienta. Puede servirse con cuadritos de pan fritos.

SOPA DE BOLITAS DE MASA

200 g de masa de maíz / 50 g de queso añejo
1 cucharadita de Royal / 1/2 k de jitomate
1 1/2 cucharadas de mantequilla (o de manteca)
yerbas de olor al gusto / 1/4 de cebolla mediana
1 diente de ajo / 1 o 1 1/2 litros de agua
3 cucharaditas de consomé de pollo
sal y pimienta

Se amasa la masa con el Royal, dos cucharadas de agua y la mantequilla o manteca. En un traste hondo se pone una y media taza de aceite a calentar. El queso se corta en cuadritos, y se pone en el centro de las bolitas de masa que se van a moldear con las manos (de unos 2 cm de diámetro), y se van friendo las bolitas (unas doce o catorce por persona), hasta que se doran. El jitomate entero, sin pelar, se hierve con la cebolla y el ajo. En un traste aparte se ponen dos cucharadas de aceite. Se licuan el jitomate, la cebolla y el ajo, se cuela la mezcla y se echa en el traste del aceite caliente. Se dejan por un minuto. Se agrega el agua con el consomé y las yerbas de olor. Puede añadírsele al gusto un poco de pimienta. Bien caliente el caldo y poco antes de servir, se echan en él las bolitas de masa por unos momentos.

SOPA DE MÉDULA

(4 personas)

1/2 k de médula de res / 1 jitomate chico
2 dientes de ajo / 2 ramitas de epazote
1 litro de consomé de res o de pollo
2 chiles anchos, chicos (o guajillo) / 2 chipotles secos / 2 trozos de cebolla / sal

Se lava bien la médula y se le quitan las tiras de pellejo en lo posible. Se pone a hervir en medio litro de agua más o menos, por unos veinte minutos, con una pizca de sal, un trozo de cebolla y un ajo. Se deja enfriar y se le quitan los pellejos que aún le queden.

Para hacer la salsa, se asan dos chiles anchos, se les sacan las semillas y las venas y se ponen en agua a hervir hasta que se ablanden. Se licuan en el líquido que les quedó, con el otro pedazo de cebolla y el otro diente de ajo. El jitomate se asa y se agrega al licuado, con sal al gusto. Se cuela todo y se fríe en una sartén, se baja la lumbre y se deja de cuatro a cinco minutos.

Se pone un litro de consomé de res o de pollo en un traste, o un litro de agua con cuatro cubitos de consomé a la lumbre, mediana, y cuando suelte el hervor se agregan las dos ramas de epazote, los dos chiles chipotles secos, la salsa y la médula —cortada en trozos medianos— y se deja con lumbre baja unos cinco minutos. Se puede agregar limón al gusto al momento de servirla.

CALDO TLALPEÑO

(4-6 personas)

2 pechugas de pollo (de 250-300 g cada una)
129 g de garbanzos de lata sin líquido
200 g de zanahorias / 100 g de ejotes
200 g de cebolla / sal / 1 chile chipotle
2 dientes de ajo / 1 aguacate / 2-3 limones
1 cucharada de arroz

Se pone a hervir el pollo en un litro y medio de agua, con cincuenta gramos de la cebolla, los dos dientes de ajo, las zanahorias peladas y cortadas en ruedas, la cucharada de arroz crudo, el chile chipotle lavado y sin semillas, y una cucharadita de sal. A los veinte minutos se agregan los garbanzos de lata sin la cáscara y los ejotes y se deja todo en la lumbre otros veinte minutos. Si el pollo ya está cocido, se saca, se corta en tiras y se regresa al caldo por unos minutos. Para servir este caldo se pica el resto de la cebolla, el aguacate se corta en cuadros y se parten los limones, de modo que cada persona se sirva al gusto de las tres cosas.

SOPA DE FRIJOLES

(4 personas)

1/4 k de frijoles ya preparados
100-150 g de jitomate / 1 diente de ajo / orégano
cubitos de pan / queso añejo / sal y pimienta
1/4 de cebolla mediana

Se prepara el cuarto de kilo de frijoles y se muelen en la licuadora con poco caldo. Aparte se muele el jitomate sin cáscara y sin semillas con la cebolla y el diente de ajo y se fríen de dos a tres minutos en una olla donde se han puesto a calentar dos cucharadas de aceite. Se agrega el puré de frijoles (colados, para quitarles las cascarillas) y medio litro de agua caliente, usando el mismo cedazo para aprovechar todo el puré. Se le agrega una cucharadita de sal y un poco de pimienta, además de media cucharadita de orégano molido con los dedos. Se baja la lumbre casi al mínimo y cuando comience a hervir se tapa y se deja otros tres minutos. Se sirve con cubitos de pan fritos y una cucharada, para cada plato de sopa, de queso añejo desmenuzado.

SOPA DE GOTA

(6 personas)

1/2 k de jitomate / 75 g de harina / 1 huevo
1 dl de leche evaporada / 50 g de cebolla (aprox.)
2 cubitos de consomé de pollo / 1-2 dientes de ajo
75 g de queso Chihuahua / 1 cucharada de perejil fresco / sal y pimienta

Se pelan los jitomates y se les quitan las semillas. Se cortan en pedazos y se licuan con el ajo y la cebolla, vertiéndose después en una olla donde se han puesto dos cucharadas de aceite a calentar para freírlos, de tres a cinco minutos. Se agrega un litro de agua caliente donde se han disuelto dos cubitos de consomé de pollo o dos cucharaditas de sal, y una cucharadita de perejil fresco, picado. Se deja en la lumbre a que hierva y se le baja a la lumbre. Aparte, se ralla el queso. Se pone el huevo en la licuadora, con la harina y la leche evaporada, sal y pimienta. Se licua todo y se mezcla con el queso. La mezcla resultante se va echando poco a poquito (por eso se llama sopa "de gota") en el caldo hirviente y se deja en la lumbre de tres a cinco minutos.

SOPA DE FIDEO

(4 personas)

100 g de fideos / 250-300 g de jitomate
1 cucharada de puré de tomate / 2 dientes de ajo
1 cubito de consomé de pollo / 1 hoja de laurel
pimienta / 1/4 de cebolla mediana

Los jitomates se licuan bien con la cebolla y el ajo. Se cuela la mezcla. En una olla se ponen a calentar dos cucharadas de aceite. Se pone en la olla el fideo cuando el aceite esté caliente, se baja la lumbre y se menea constantemente para que no se queme, por unos dos o cuatro minutos. Se revuelve el jitomate con una cucharada de puré de tomate y se echa en la olla para freírse. Se mueve, dejándolo poco más de un minuto, cuidando que no se pegue el fideo, y se le agrega una taza de agua caliente en la que se desbarató bien un cubito de consomé de pollo. Luego se agregan otras dos tazas y media de agua y se sube la lumbre. Se pone un poco de pimienta y una hoja de laurel. A partir del hervor, se deja en la lumbre otros doce o dieciocho minutos.

SOPA DE PAPA Y PORO

(4 personas)

300 g de papas / 200 g de poros sin rabos
2 cubitos de consomé de pollo
25 g de mantequilla / 2 ramitas de perejil fresco

Se pelan las papas. Se cortan en tiras de un dedo de grosor, aproximadamente. En el traste donde se va a cocinar la sopa se pone a calentar el trozo de mantequilla. Se lavan los poros, se cortan en rodajas y se echan en la olla a freír por uno o dos minutos, se agregan las papas y dos o tres minutos más tarde un litro y cuarto de agua hirviendo, donde se han puesto las dos ramitas de perejil y desbaratado los dos cubos de consomé de pollo. Se deja en la lumbre por otros doce minutos.

CALDO DE HABAS

(4-6 personas)

300 g de habas secas / 150 g de jitomate
40 g de cebolla / aceite de oliva / 2 dientes de ajo
3 hojitas de yerbabuena / queso añejo o cotija
sal y pimienta

Las habas se ponen a remojar en agua que acaba de hervir (pero fuera del fuego), unos quince o veinticinco minutos para quitarles fácilmente el pellejo. Se pelan y se ponen a cocer en un litro y medio de agua con un poco de sal y tres hojitas de yerbabuena, durante treinta o cuarenta minutos hasta que se ablanden. El jitomate, sin cáscara y sin semilla, se muele junto con los dientes de ajo y la cebolla. Se fríe esta mezcla en una olla donde se han puesto dos cucharadas de aceite a calentar, por unos tres minutos, y se agrega después al caldo hirviendo, se deja en la lumbre hirviendo suavemente otros doce o quince minutos, con un poco de pimienta. Se prueba para saber si le falta sal. Al servirse, se agrega en cada plato un trozo de queso y, si se desea, un poco de aceite de oliva. Las habas quedan desbaratadas.

SOPAS FRÍAS

SOPA FRÍA DE AGUACATE
(6 personas)

1 k de aguacates (4 aguacates, aprox.)
3 cubitos de consomé de pollo
1/4 de litro de leche evaporada o crema líquida
sal / pimienta blanca / crema fresca espesa

En el traste donde se va a preparar la sopa, se pone una taza de agua hirviendo y allí se disuelven los cubitos de consomé. Se completa hasta un litro con agua fría y se mete al refrigerador. Cuando el líquido esté bien frío se saca y se quita con una cuchara la grasa que flota en él. Se vacía en la licuadora el cuarto de leche evaporada (o el equivalente de crema líquida) y dos de los aguacates, cortados en trozos. Se muele todo bien, con un poco de sal y pimienta blanca, y la mezcla se guarda de nuevo en el refrigerador. Mientras tanto, se pelan y se cortan en cuadritos los otros dos aguacates, y se reparten en los platos donde se servirá la sopa. Ya bien fría, se sirve y, en el centro de cada plato, se pone una cucharada de crema espesa. Se puede adornar también con un poco de caviar rojo.

SOPA FRÍA DE MANGO

(6 personas)

1/2 k de mangos Manila o Ataulfo (pesados con hueso) / 1/4 de litro de leche evaporada o crema líquida / sal / 1 1/2 cucharaditas de azúcar 2 cubitos de consomé de pollo / nuez moscada

En el traste donde se va a preparar la sopa, se pone una taza de agua hirviendo y allí se disuelven los cubitos de consomé. Se completa hasta un litro con agua fría y se mete al refrigerador. Cuando el líquido esté bien frío se saca y se quita con una cuchara la grasa que flota en él. Se vacía en la licuadora el cuarto de leche evaporada (o el equivalente de crema líquida) y la pulpa de los mangos, cortada en trozos. Se muele todo bien, con el azúcar y sal al gusto; la mezcla se guarda de nuevo en el refrigerador. Ya bien fría, se sirve y se espolvorea en cada plato, ya servido, una pizca de nuez moscada.

GAZPACHO A LA MEXICANA

(4-6 personas)

1 k de jitomate (6 jitomates aprox.)
200 g de pimiento verde / 6 cucharadas de aceite de oliva / 2 cucharadas de puré de tomate
150 g de cebolla / 2 aguacates medianos
sal y pimienta / 1 manojito de rábanos /
1 diente de ajo / 1/2 cucharadita de azúcar /
500 g de pepino / limón / 2 cucharadas de cilantro picado / salsa Tabasco

Se pelan cuatro de los jitomates y se les quitan las semillas. Se parten y se licuan junto con unos 50 g de la cebolla y el diente de ajo, exprimido, dos cucharaditas de sal y media de azúcar. Se agrega después una tercera parte del pimiento en trozos y la mitad del pepino, sin cáscara, también cortado en pedazos, y se vuelve a licuar. Se agregan a la mezcla las seis cucharadas de aceite de oliva, un poco de pimienta y se revuelve. Se agregan las dos cucharadas de puré de tomate disuelto en una taza de agua, unas gotas de salsa Tabasco y una cucharada grande de jugo de limón. Se deja en el refrigerador de tres a cuatro horas. Aparte, se rebanan unos dos aguacates y un manojito de rábanos. Cuando se sirve, cada quien agrega al gusto los rábanos, el aguacate y el pepino, el jitomate, el pimiento, la cebolla y el cilantro, que deben estar previamente picados. Si el gazpacho está demasiado espeso, se le agrega agua fría.

SOPAS SECAS CALIENTES

ARROZ A LA MEXICANA

(4 personas)

1 taza de arroz / 40 g de cebolla / 1 diente de ajo
1 cubito de consomé de pollo
1 cucharada de puré de tomate
100 g de verduras mixtas ya cocidas
(o su equivalente en zanahorias, chícharos y ejotes)

Se ponen dos cucharadas de aceite a calentar y allí se fríen la cebolla, el ajo y el arroz al mismo tiempo con lumbre mediana unos cuatro minutos, moviéndolo un poco. Se agrega entonces el puré de tomate, y se sigue moviendo, unos dos o tres minutos más. Se añaden tres tazas de agua, donde se ha disuelto previamente el cubito de consomé de pollo, y las verduras. Al primer hervor se tapa y se deja con lumbre baja veinte o veinticinco minutos hasta que se consuma el agua. Se prueba, y si el arroz está duro, se le agrega agua caliente y se deja hervir más tiempo

MOROS CON CRISTIANOS

(4 personas)

Arroz blanco (ya cocido) para 4 personas
1 taza de frijoles negros *(vid.)*

En este platillo de Veracruz, los "moros" son los frijoles negros, y los "cristianos", los granos de arroz. Los frijoles, que tienen que ser negros, se agregan al arroz, revolviéndolo todo. Se come, desde luego, caliente, y los frijoles pueden ser sustituidos por frijoles rojos, aunque en este caso quizá tendrían que cambiar de nombre y llamarse "apaches con cristianos".

ARROZ CON PLÁTANO FRITO Y FRIJOLES

(4 personas)

1 1/2 tazas de arroz blanco / 400-500 g de plátano macho (aprox.) / sal / 1 cucharada de cebolla picada / 2 dientes de ajo / limón

Se pone en la lumbre una olla con dos cucharadas de aceite. Cuando el aceite está caliente, se agregan la taza y media de arroz, dos dientes de ajo exprimidos y la cebolla picada. Se fríe el arroz unos cinco minutos, con fuego bajo. Se le agregan dos tazas de agua caliente, sal al gusto y unas gotas de limón. En el momento de soltar el hervor se baja la lumbre al mínimo y se deja de quince a veinte minutos más, o hasta que se consuma el agua. Los plátanos se pelan, se rebanan en tiras y se fríen en aceite. Se sirve el arroz con el plátano encima y, a un lado, un poco de frijoles refritos.

ARROZ CON MAÍZ Y PIMIENTO

(4 personas)

1 1/2 razas de arroz blanco / 100 g de pimiento verde (aprox.) / 1/2 taza de granos de elote 2 dientes de ajo / limón / 1/2 cucharadita de cilantro fresco / 50 g de cebolla / sal

Se pone en la lumbre una olla con dos cucharadas de aceite. Cuando el aceite esté caliente se le agrega la taza y media de arroz, los dos dientes de ajo exprimidos y la cebolla picada. Se fríe el arroz por unos tres minutos. Se agrega el pimiento cortado en tiras, se fríe unos dos o tres minutos más, y se le agregan dos tazas de agua caliente, sal al gusto, unas gotas de limón y la media taza de granos de elote en lata. Se deja de quince a veinte minutos más, o hasta que se consuma el agua. Antes de llevarse a la mesa, se espolvorea con la media cucharadita de cilantro fresco, finamente picado.

ARROZ CON AZAFRÁN Y CHORIZO

(4 personas)

1 taza de arroz / 200 g de chorizo (2 chorizos)
75 g de cebolla / 2 dientes de ajo
2 pizcas de azafrán / limón / sal

Se ponen dos cucharadas de aceite a calentar en una olla, se le agregan la cebolla picada, el arroz y el ajo, exprimido. El azafrán se pone en una taza de agua hirviente y se deja reposar mientras se fríe el arroz. Se le echa esta agua, junto con otra taza de agua caliente, al arroz, una cucharadita de sal y unas gotas de limón. Cuando hierva, se tapa, se baja la lumbre a un mínimo, y se le deja de quince a veinte minutos hasta que se consuma el agua. Se les quita la piel a los chorizos, se cortan en rebanadas delgadas y se fríen lentamente con lumbre baja, casi en su propia grasa (con una nadita de aceite). Se sirven después sobre el arroz.

Elogio del jitomate

¿Qué sería de los italianos sin sus pizzas? ¿De los norteamericanos sin su catsup? ¿De los húngaros sin su *goulash*? O mejor dicho: ¿qué sería de estos y otros platillos, purés, pastas, salsas y jugos sin la existencia de ese maravilloso fruto que es el jitomate? Escandalizado por el desacato de algunos pseudosabios, que atribuyen al Perú el origen del jitomate, yo, como mexicano, afirmo que un fruto de semejantes redondeces y semejante color (todo él lujuria apretada, rojo corazón congelado de doncella azteca) sólo puede ser originario de un país que, en una época no muy lejana, fue casi el paraíso. Precisamente el hecho de que el nombre, en azteca, del jitomate: *xic-tomatl,* proceda, según la enciclopedia, de *xictli,* ombligo, y *tomatl,* tomate, confirma que alguna vez existió un cordón umbilical que unía este fruto con la tierra edénica. Y como esto lo sabían, por intuición, algunos austriacos, llamaron al jitomate "manzana del paraíso", y es así como se refiere al jitomate la condesa de Kollonitz, ilustre dama que vivió en México durante la Intervención francesa. Este vínculo permite a aquellos lectores franceses que, como yo, no hablen ningún idioma de Europa Central, darse a veces una idea de lo que pueden elegir de un menú del que no entienden ni papa. Así por ejemplo, si usted, lector —y *gourmet*—, va a un restaurante en Hungría y en la lista de platillos lee algo así como *paradicsomleves, paradicsommártás* o *paradicsomos káposzta,* puede estar seguro, por el parecido de estos nombres a la palabra *paraíso,* que se trata de platillos a base de jitomates. Cuando menos, es lo que asegura George Lang en su libro *The Cuisine of Hungary.* Otros nombres con los que fue bautizado el jitomate en Europa no son menos hermosos. Los italianos lo llamaron *poma d'oro* o manzana de oro (como las que vencieron a Atalanta), nombre del que deriva el *pomodoro* actual, y los alemanes *liebesapfel* o manzana del amor. Aunque el *Larousse gastronomique* nos dice que antes, en Francia, también se le llamaba así. Al parecer, el jitomate no se hizo muy pronto popular en Francia, entre otras cosas porque en algunas regiones se afirmaba que era venenoso, pero ya Brillat-Savarin elogia algunas de las excelentes salsas que se elaboran con el jitomate, y el novelista Alejandro Dumas lo incluye en su célebre *Diccionario de cocina.* Dumas ignora el origen del jitomate, ya que se refiere a él como proveniente "de los países meridionales"; afirma que el azúcar de éste se emplea para sazonar, e incluye una receta, los jitomates al horno *à la Grimod de la Reynière* (por cierto, Grimod también se equivoca: afirma que el jitomate es de origen español), rellenos de un picadillo de carnes finas. Por su parte Néstor Luján, quien llama "sol azteca" al jitomate (en lo que coincide con el gran poeta chileno Pablo Neruda, el cual en su *Oda al tomate* lo define como "un sol fresco, profundo, inagotable"...), nos cuenta, en su *Historia de la gastronomía,* cómo el jitomate llega a París durante la Revolución, "cuando el joven Charles Barbaroux, al frente de sus desarrapados y renegridos marselleses, entra en París. Traen, además de su presencia revolucionaria, dos cosas muy duraderas: la *Marsellesa,* que cantan a voz en grito, y los rugosos tomates, que llevan en sus zurrones". Otros autores, en cambio, nos cuentan, no que los marselleses trajeran consigo sus jitomates, pero sí que los pedían a gritos durante las celebraciones de la Fiesta de la Federación de 1790, para acompañar sus colaciones. Diez años después el jitomate vuelve a cobrar celebridad gracias a Napoleón, quien el 14 de junio de 1800, tras la derrota en Marengo de los granaderos austriacos, ordenó a su cocinero Dunand que le preparara una comida. Habiendo quedado aislados los furgones de víveres franceses por las tropas austriacas, el cocinero del emperador tuvo que arreglárselas con lo que encontró más a mano, que fue un pollo, unos jitomates, ajo, aceite y pan. Con estos ingredientes se las ingenió para cocinar un respetable pollo a la Marengo, al cual, con el transcurso del tiempo, se le han agregado otros ingredientes, como el cangrejo de río. El jitomate figuró también en el aderezo *à la Duroc,* creado en homenaje al mariscal de Napoleón del mismo nombre por Monsieur Véry: resulta que Madame Véry era amante del mariscal Duroc y que éste, para quedar bien con ella, colocó a su marido como cocinero en el palacio de las Tullerías. Pero sin duda la consagración del jitomate en Europa se debió a Carême, el gran Carême, quien distinguía —nos dicen Edmon Neirinck y Jean Pierre Poulain en *Histoire de la cuisine et des cuisiniers*— únicamente cinco grandes salsas: la española, la *velouté,* la bechamel, la alemana y la de jitomate. En fin, una vez aceptado, el jitomate, "puomo d'amour qu'es bono viande", como dice el dicho provenzal —"es el tomate el que hace buena la carne"—, fruto que agregaba su color sangriento a las verdulerías de El Vientre de París, tal como lo describe Zola, el jitomate, decíamos, comenzó a cultivarse con gran éxito en Francia, y en particular en el valle de Garonne, como también lo indica el *Larousse gastronomique,* el cual menciona asimismo algunas variedades típicamente francesas, como marmande, Pierrette, Ronde

El jitomate

hâtive, Saint-Pierre, Casaque Rouge, Joffre y Margoble. En fin, el caso es que el jitomate, otro de los dones de México al mundo (o de México y Perú, pues), se conoció en Europa en el siglo XVI y muy pronto los italianos lo agregaron a los macarrones (a los macarrones chinos, por supuesto) y en nuestros días, además de ser en sí un platillo autosuficiente (hay, como sabemos, jitomates *à la lyonnaise, à la piémontaise, à la parisienne* y, desde luego —no podían faltar—, los jitomates a la provenzal), el jitomate figura en platillos muy importantes de todo el mundo, como en el *kheema* —un curry de cordero hindú—, en los caracoles rellenos de las Baleares y en el potaje canariense, en las paellas a la valenciana y a la catalana, en los piononos puertorriqueños, en el *pepperpot* jamaiquino, en los huevos a la riojana, en el arroz *à la Côte d'Azur* y en la *bouillabaise* griega o *kaccavia,* sin olvidarnos, claro, de esa deliciosa ensalada griega que se hace con jitomate, queso feta, aceite de oliva y orégano, y de otra infinidad de ensaladas que existen, a base de jitomate. En lo que a la literatura concierne, también el jitomate pasó a formar parte de los hábitos alimenticios de conocidos personajes. Así lo narra Colette Guillemard, quien en su bello libro *La Fourchette et la plume* nos cuenta cómo Jaime, el aviador ciego de *L'Espoir,* de André Malraux, se deleita con ostras en salsa de jitomate andaluza, y cómo Robinson, personaje de *Voyage au bout de la nuit* de Louis-Ferdinand Céline, lo hace con pollo en salsa de jitomate tolosana. ¿Qué sería de todas esas ensaladas, ostras, pollos y de tantos otros platillos sin el jitomate? Sin el jitomate, ¿cómo habrían inventado los vascos la *piperade,* los provenzales la *ratatouille,* los italianos el espagueti a la boloñesa, los franceses la langosta a la americana, los aragoneses sus rabos de cordero montañeses, los marroquíes la *chorba,* los sicilianos la *caponata,* los murcianos sus magras de cerdo, los portugueses su *bacalhau à escondidinho,* los norteamericanos el *bloody-Mary* y los andaluces el gazpacho?

Y no podríamos finalizar este texto sin referirnos, así sea brevemente, a los instintos bélicos que despierta el jitomate y a la sensación, que ha tenido más de un cocinero, de "matar" a un jitomate cuando lo corta... De lo primero es ejemplo clásico el jitomate usado como proyectil contra los políticos y los malos actores. Empleo que alcanza su esplendor, según nos cuenta Pilar Iglesias en *El libro del tomate,* en la fiesta anual llamada la Tomatina, de Buñol, un pueblo de Valencia, verdadera batalla campal donde cerca de cuarenta mil personas se pelean a jitomatazo limpio todo el día, lo que, según nos dice la autora, representa el consumo de unos cincuenta mil kilos de jitomates. De lo segundo sobran ejemplos —¿quizá porque, decíamos, el jitomate es como un corazón vivo, lleno de sangre?—: dicen que Talleyrand afirmaba, a propósito del pollo a la Marengo, que es el jitomate lo que se debe *sacrificar* al último. Recuerdo asimismo, no sin escalofrío y regocijo, el *jingle* publicitario que anunciaba, en México, unos jitomates en lata: "Estaban los tomatitos / muy contentitos / cuando llegó el verdugo / a hacerlos jugo…" Y por supuesto Neruda nos dice también, en la misma y deliciosa *Oda al tomate:*

> Debemos, por desgracia,
> asesinarlo:
> se hunde el cuchillo
> en su pulpa viviente,
> en una roja
> víscera…

El cacahuate y la vainilla

El cacahuate

Su nombre viene de una palabra maya, que se parece a *cacao,* precisamente porque quiere decir "cacao de tierra". En México se le emplea como ingrediente indispensable del mole poblano y en algunas otras salsas, como la de la lengua en cacahuate. En la región del Pacífico-Centro de México se come una "gallina borracha" en cacahuate, y en la región central de la República se hacen unos tamales de cacahuate rellenos de flor del colorín. Cuando vivíamos en Iowa City, nuestra vecina y comadre Karol, esposa del poeta ugandés Okot P'Bitek, nos agasajó con unos frijoles guisados con cacahuate. Desde entonces aprendimos que el cacahuate se usa en la cocina africana y caribeña. Martha Chapa nos da en su libro la receta de lo que debe ser un exquisito pan de cacahuate. En Estados Unidos, como se sabe, es muy popular la *peanut butter.*

La vainilla

Es el fruto de una orquidácea que produce una hermosa flor: *tlilxóchitl* (en azteca, "flor negra"). En 1921 la Academia de las Ciencias y Artes Gastronómicas de París hizo un homenaje "al indio anónimo que arrancó a la Naturaleza el secreto de la vainilla". Por su parte, un botánico francés le había arrancado ya a la planta los secretos de su polinización, lo que significó un fuerte golpe para México. Hoy se produce más vainilla en lugares como la Isla de la Reunión, Madagascar y Haití, que en México. Alfonso Reyes, quien en su sabroso libro *Memorias de cocina y bodega* nos recuerda lo delicada y remilgosa que es la planta, cuenta que cuando era embajador en Buenos Aires solía servir bocadillos de puré de frijol bayo aderezado con vainilla. Por otra parte, el artículo sobre Sade y la Bastilla de Alberto Capatti, que forma parte del libro *L'Imaginaire des nourritures,* nos permitió descubrir las inclinaciones del Divino Marqués por esta planta. Desgraciadamente, como nos recuerda Jean-Pierre Coffe en su libro *Le vrai vivre,* cada vez es más difícil encontrar productos con sabor de vainilla en los que realmente intervenga esta planta y no una sustancia artificial conocida como *aldéhyde parahydroxybenzoïque...* ¡Qué le vamos a hacer! De todos modos, cuando le sea posible no deje de visitar, en el estado de Veracruz, una ciudad que solía oler, toda ella, a vainilla: Papantla. Hacen allí, con los tallos de la vainilla, tejidos, diversos objetos y entre ellos unos alacranes que se usan para perfumar la ropa. Si uno de estos alacranes lo picara a uno en el pecho, ¿se volvería el corazón una orquídea negra?

ENSALADAS

ENSALADA DE MANITAS DE PUERCO
(4 personas)

2 900 g de manitas de puerco (aprox.)
200-250 g de cebolla / 250 g de zanahorias
1 diente de ajo / 2 huevos cocidos
tomillo, mejorana y laurel / vinagre
10-15 granos de pimienta entera / sal
vinagreta *(vid.)* / 8 hojas de lechuga

Se ponen a cocer las manitas en un litro y medio de agua, partidas en cuatro partes cada una, un trozo de cebolla (50 g) y un trozo de zanahoria (50 g), más una cucharada de vinagre, una ramita de tomillo, una pizca de mejorana, una hoja de laurel y el diente de ajo. A partir del primer hervor se baja la lumbre y se dejan en ella cerca de una hora y media, hasta que se cuezan bien. Se dejan enfriar, se escurren y se dejan marinar toda la noche, con más yerbas de olor, en una mezcla de media taza de vinagre con media taza de agua. Se pone el resto de las zanahorias, cortadas en rebanadas no muy delgadas, en medio litro de agua hirviendo, por unos tres minutos. Se parte el resto de la cebolla en trozos grandes, que se echan en la olla de las zanahorias y en cuanto el agua hierve de nuevo se sacan, se escurren y se agregan a las manitas (las cuales también deberán estar escurridas). Se agregan unos diez a quince granos de pimienta entera, sal al gusto, se ponen los huevos duros cortados en rebanadas, y se rocía todo con la vinagreta. Se sirve en camas de lechuga.

ENSALADA DE NOPALES

(4 personas)

8 hojas de nopal (500 g aprox.) / 300 g de jitomates (aprox.) / 100 g de cebolla (aprox.)
100 g de queso cotija o añejo / 1 diente de ajo
aguacate / 40 g de cilantro fresco / orégano
aceite de oliva / unos rabos de cebolla verde / sal

Se limpian las hojas de nopal. Se cortan en tiras y luego en cuadritos y se ponen a cocer junto con los rabos de cebolla, más una tercera parte de la cebolla y el diente de ajo. Ya cocidos, los nopales se escurren, se ponen en el platón donde se van a servir y se revuelven con el cilantro, finamente picado. Se agrega una cucharadita de orégano y otra parte de la cebolla, picada, y una o dos cucharadas de aceite de oliva. Sal al gusto. Se revuelve todo, se extienden los nopales sobre el platón y se les pone el jitomate cortado en ruedas y el resto de la cebolla cortada en anillos. Unas rebanadas de aguacate y el queso desmoronado con los dedos.

ENSALADA DE JITOMATE CON AGUACATE

(4 personas)

4 jitomates (700 g aprox.) grandes del mismo tamaño
1 cebolla / 2 aguacates (1/2 k aprox.) / cilantro
vinagreta *(vid.)*

Se pone un litro y medio de agua a hervir. Se pica la cebolla. Cuando el agua empiece a hervir, se ponen en ella, uno por uno, los jitomates por diez o veinte segundos, para pelarlos fácilmente. Ya sin cáscara, cada jitomate se corta, poniendo el ombligo hacia abajo, en unas seis rebanadas verticales, sin llegar hasta abajo. Se pelan los aguacates, se cortan en rebanadas delgadas, y cada rebanada, o gajo, se coloca entre las rebanadas de jitomate. Los cuatro jitomates se acomodan en un platón, se cubren con la cebolla y se bañan con la vinagreta. Se adornan con unas ramitas de cilantro fresco.

ENSALADA DE CALABACITAS

(4 personas)

750 g de calabacitas (aprox.) / 50 g de cebolla
75 g de queso añejo (aprox.) / vinagreta *(vid.)* / sal

Se les cortan las puntas a las calabacitas y se tiran. El resto se rebana en tiras o ruedas, al gusto. Mientras tanto se pone un litro de agua a hervir, con una cucharadita de sal, y se agregan las calabacitas. Cuando comience a hervir el agua se les baja la lumbre y se dejan unos cinco minutos. Se escurren y se ponen en un platón, se les agrega la cebolla picada y la vinagreta, se revuelven y se dejan enfriar. Al servirlas, se les pone el queso, desmoronado con los dedos.

ENSALADA DE BETABEL
(4 personas)

1/2 k de betabeles / 50 g de cebolla (aprox.)
1 naranja / 1 cucharada de vinagre
2 cucharadas de aceite de oliva
1 pizca de ajo en polvo / sal y pimienta

Se cuecen los betabeles, se dejan enfriar un poco, se les quita la cáscara y se cortan en medios círculos. Se acomodan en un platón. Se rebana también la cebolla en medias lunas delgadas y se adorna con ellas el betabel. El aderezo o vinagreta se prepara aparte, en un frasco: el aceite, el vinagre, el ajo en polvo, la sal y la pimienta y una cucharada grande de jugo de naranja. Todo se revuelve bien y después este aderezo se vacía sobre el betabel repartiéndolo bien y se deja reposar de quince a veinte minutos antes de llevarse a la mesa.

ENSALADA DE PEPINO Y NARANJA

(4 personas)

1/2 k de pepino / 50 g de cebolla / 3 naranjas
limón / 1 cucharada de aceite de oliva (opcional)
1/2 cucharadita de páprika / sal y pimienta

Se lava el pepino y se corta en rebanadas delgadas que se colocan en un cedazo a escurrir de diez a quince minutos. Se pica la cebolla. Se lavan las naranjas. Se pelan dos solamente, eliminando la capa blanca lo mejor posible. Se parten en ruedas y éstas, a la mitad. Se mezclan la naranja y el pepino en un traste hondo. Se agrega la cebolla y el jugo de la tercera naranja, colado. Se le pone sal y pimienta al gusto y, si se desea, la cucharada de aceite. Se le pone el jugo de un cuarto de limón y se espolvorea con la páprika.

ENSALADA MEXICANA

(4 personas)

300 g de maíz de lata / 100 g de jitomate
1 taza de frijoles rojos preparados en casa
50 g de cebolla (aprox.) / vinagreta *(vid.)*
2 huevos cocidos / 100 g de pimiento verde

Se les quita el jugo al maíz y los frijoles y se mezclan en una ensaladera. Se le quitan las semillas al pimiento y se corta en cuadros. Se pela el jitomate, se le quitan las semillas y se corta en pedazos pequeños. Se pica la cebolla, se mezcla todo y se agrega la vinagreta. Se adorna con rebanadas de huevo cocido.

ENSALADA DE EJOTES CON QUESO

(4 personas)

400 g de ejotes / 40-50 g de queso añejo o Chihuahua / 100 g de cebolla (aprox.) vinagreta *(vid.)* / 10 rábanos chicos (aprox.) sal y pimienta

Se limpian los ejotes, se lavan y se ponen en agua caliente. En cuanto hierven, se baja la lumbre, se tapan y se dejan cocer unos veinte minutos. Se pica la cebolla. Se les quitan los extremos a los rábanos, se lavan y se cortan en pedazos no muy pequeños. Se desmenuza o se corta el queso también en pedazos chicos y se añade todo a los ejotes, junto con la vinagreta, la sal y la pimienta al gusto. Se revuelve y se deja reposar y enfriar. Se adorna con los rábanos, cortados en pedacitos o abiertos en flor.

ENSALADA DE NOCHEBUENA

(6 personas)

400 g de betabel / 3-4 naranjas (800 g aprox.), de preferencia sin semillas / vinagre aceite de oliva / 300 g de jícama 40-50 g de cacahuates / 150 g de manzana roja (aprox.) / 1 cucharadita de azúcar sal y pimienta

El betabel, ya cocido, se pela y se parte en cuadritos chicos. La manzana se lava, se le quita el corazón y se parte también en pedacitos, Si se quiere se le deja la cáscara. Las jícamas se pelan y se parten igual. Dos de las naranjas se parten con todo y cáscara en ruedas y luego cada una de éstas en cuatro partes. Se revuelve todo. Se agregan los cacahuates. La vinagreta se prepara con el jugo de la otra naranja, cuatro cucharadas de vinagre, cinco cucharadas de aceite de oliva, sal y pimienta y una cucharadita de azúcar.

ENSALADA DE CHAYOTES

(4 personas)

3 chayotes (800 g aprox.) / 1/2 cebolla
vinagreta *(vid.)*

Se cuecen los chayotes, de modo que los cubra bien el agua, una media hora hasta que se ablanden. Se dejan enfriar, se pelan, se parten en tiras y se acomodan en un platón. Se pica la cebolla y se les pone encima, junto con la vinagreta. Se dejan reposar una media hora antes de llevarse a la mesa.

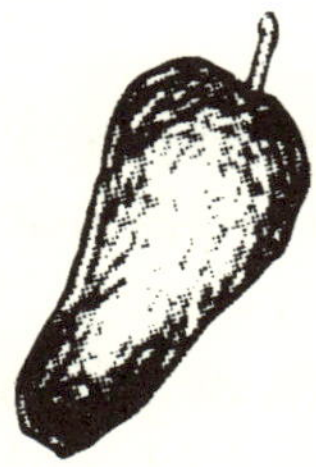

HUEVOS

OMELETTE A LA MEXICANA

(2 personas)

4 huevos / 50 g de queso Chihuahua
2 cucharadas de granos de elote en lata
1 cucharadita de cilantro fresco, picado
1 cucharadita de chile verde picado / mantequilla
leche o crema / sal y pimienta / 50 g de cebolla

Se revuelven bien los huevos, crudos, con un poco de leche o de crema, con sal y pimienta al gusto. En una sartén se fríe la cebolla con el chile. Cuando la cebolla está acitronada se agregan los granos de elote en lata. En otra sartén se pone una cucharadita de mantequilla y unas gotas de aceite, con lumbre mediana. Se echan allí los huevos y se dejan uno o dos minutos, y cuando empiezan a cuajar se les ponen todos los otros ingredientes, incluyendo el queso, en rebanadas delgadas. Cuando se dora, se dobla y se cubre, y se deja freír un poco más.

HUEVOS AHOGADOS

(4 personas)

8 huevos / 200 g de chile poblano
100-150 g de cebolla / 1 diente de ajo
1 cucharada de puré de tomate
1/2 k de jitomates / sal y pimienta

Se pelan los jitomates y se les quitan las semillas. Se rebana la cebolla en gajos. En una olla honda se prepara la salsa: se ponen dos cucharadas de aceite a calentar y se les agrega el ajo, exprimido, y la cebolla para que acitrone. Se asan los chiles, se ponen en una bolsa de plástico para que suden, hasta que se les pueda quitar el pellejo fácilmente. Una vez pelados, se rebanan en tiras eliminando las semillas. Si huelen muy picantes, se les pone unos minutos en agua con sal. Ya rebanados se ponen en la olla a fuego lento unos minutos. Se les agrega el jitomate picado y una cucharada de puré de tomate, sal y pimienta, una taza de agua, se revuelve y se deja hervir unos cinco minutos. Después se echan los huevos, uno por uno pero con rapidez, y en cuanto se cuecen las claras —a menos que se prefiera comerlos con las yemas cocidas— se apaga el fuego y se sirven dos huevos por persona en platos hondos con todo y la salsa.

HUEVOS CON CHORIZO

(4 personas)

200 g de chorizo español o chistorra / leche
8 huevos / 100 g de cebolla (aprox.) / sal y pimienta

Se corta el chorizo en trozos chicos, casi desmenuzado, y se pica finamente la cebolla. En una sartén de teflón se pone el chorizo a freírse en su propia grasa, con lumbre baja. Se baten los huevos completos con dos cucharadas de leche, sal y pimienta (hay que recordar que el chorizo es salado). Se fríe bien el chorizo cuidando que no se endurezca o se queme; a los siete o nueve minutos se pone la cebolla y cuando se acitrona se agregan los huevos y se mueven hasta que se cuecen.

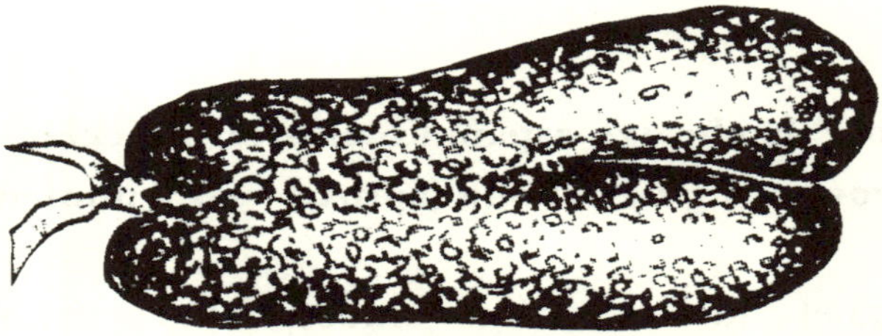

PLATOS DE RESISTENCIA VEGETARIANOS

TORTITAS DE NOPALES
(4 personas)

8 hojas de nopal de unos 15 cm (300 g aprox.)
200 g de queso Chihuahua (4 rebanadas)
400 g de jitomate / 100 g de cebolla / harina
1 lata de puré de tomate (100 g) / 2-3 huevos
1 diente de ajo, chico / tomillo, mejorana y laurel
sal y pimienta / crema o chile de árbol (opcional)

Se asan los nopales unos dos minutos, dándoles vuelta, en la llama directa o en el comal. Se dejan enfriar. Se toman de dos en dos los nopales y se les pone el queso en medio. Se prenden con un palillo. Se enharinan ligeramente. Se separan las claras de los huevos y se baten, con una pizca de sal, a punto de turrón y cuando están listas se agregan las yemas, media cucharada de harina y otra pizca de sal. Se mezclan. Las tortas se van empapando en esta salsa y se fríen en aceite. Se absorbe el exceso de grasa con toallas de papel.

La salsa

Se licua el jitomate con la cebolla y el ajo y un poco de agua. Se pone una olla a la lumbre (mediana), con un poco de aceite. Se vacía el jitomate en ella, colándolo. Se agrega el puré de tomate y sal y pimienta al gusto, una o dos hojas de laurel, así como una pizca de tomillo y otra de mejorana, Se deja que suelte el hervor, se baja la lumbre, para que hierva unos tres minutos. Se echan las tortitas dos o tres minutos. Al servirlas, hay que acordarse de quitarles los palillos. Se pueden adornar con una cucharada de crema o con un chile de árbol dorado.

CHILES POBLANOS RELLENOS DE QUESO

(4 personas)

4 chiles poblanos (200 g c/u) / 3 huevos / harina
4 rebanadas de queso Chihuahua (50-60 g cada una)

Para la salsa

1/2 k de jitomates / 1 diente de ajo
1 cucharadita de azúcar / 50 g de cebolla
1 hoja de laurel / sal y pimienta

Se asan uno por uno los chiles poblanos en el fuego directo hasta que se desprende un poco la piel y se queme en algunas partes. Se guardan en una bolsa de plástico "a sudar" unos treinta minutos. Luego se ponen bajo el chorro del agua para quitarles el pellejo, raspándolo ligeramente. Se abren con cuidado de un solo lado para sacar las semillas. Se secan bien, se les pone a cada uno su rebanada de queso adentro y se enharinan ligeramente. Se separan las claras de tres huevos, y se baten a punto de turrón, luego se les agregan las tres yemas, sal y pimienta y una pizca de harina. Se cubre con esta mezcla cada uno de los chiles y se fríen en una sartén honda de modo que los cubra bien el aceite. Ya fritos, se sacan y se escurren. Mientras tanto, la salsa se prepara así: se licuan los jitomates sin agregarles agua, con la cebolla y el diente de ajo. En una sartén se pone una cucharada de aceite, se calienta, se cuela bien el jitomate y se echa en la sartén, se revuelve un poco, se agrega pimienta, una cucharadita de sal, con una hoja de laurel. Una vez que hierve se añade (opcional) una cucharadita de azúcar y dos o tres minutos después se agregan los chiles, se tapan y se dejan hervir otros cinco minutos.

LENTEJAS CON FRUTA

(4-6 personas)

250 g de lentejas / 25 g de cebolla
150 g de plátano / 150 g de piña / 200 g de jitomate
1 diente de ajo / 150 g de manzana / sal y pimienta

Se limpian bien las lentejas y se ponen a cocer con un litro de agua, con la cebolla y el ajo. A partir del hervor, se dejan unos treinta minutos (a los veinticinco minutos, más o menos, se agrega la sal, una cucharadita). Si se consume el agua antes, se les agrega agua caliente, nunca fría. Se sacan la cebolla y el ajo. Se pelan los jitomates y se les quita las semillas. Se fríen en una sartén la manzana, sin corazón y sin semillas, y la piña, sin corazón, cortadas ambas en trozos no muy pequeños, y se agregan a las lentejas. El plátano, rebanado y con cáscara, se agrega directamente a las lentejas. Se les agrega pimienta y, si es necesario, más sal. Aparte, se fríe el jitomate por unos cinco minutos, y se deja todo en la lumbre, mediana, por otros diez minutos y se vierte en las lentejas. Al comerlas, por supuesto, se come el plátano sin cáscara. Si no se es estrictamente vegetariano se puede agregar unos trozos de tocino (100 g) al freír las frutas.

TORTAS DE COLIFLOR

1 coliflor (de unos 900 g) / 3 huevos / 1 cucharadita de azúcar / 200-300 g de queso Cantal / harina sal

Para la salsa

1/2 k de jitomate / 1 diente de ajo / 1 cucharadita de azúcar / 50 g de cebolla / 1 hoja de laurel sal y pimienta

Se le quitan las hojas a la coliflor, se lava y se separa en manojos, dejándole los tallos. Los manojos se ponen a cocer en un litro de agua con una cucharadita de sal y otra de azúcar. A partir del hervor se les deja por ocho a doce minutos. Se escurren y se dejan enfriar. Para formar las tortitas se juntan de dos en dos o de tres en tres los manojos y, en medio de cada tortita, se pone una rebanada de queso. Se envuelve el queso, se presiona para sacar el exceso de agua. Cada tortita se enharina y se capea. Para el capeado, se separan las claras de las yemas de tres huevos, se baten a punto de turrón, se agregan las yemas, media cucharadita de harina y sal al gusto. Se bate un poco más. Se pone una taza de aceite en una sartén y en él se van friendo bien las tortitas, que se sacan y escurren mientras se prepara la salsa: se licuan los jitomates sin agregarles agua, con la cebolla y el diente de ajo. En una sartén se pone una cucharada de aceite, se calienta, se cuela bien el jitomate y se echa en la sartén, se revuelve un poco, se agrega pimienta, una cucharadita de sal, una hoja de laurel. Una vez que hierve se añade (opcional) una cucharadita de azúcar y dos o tres minutos después se agregan las tortas, se tapan y se dejan hervir por otros cinco minutos.

TORTAS DE ESPINACA

(4 personas)

2 k de espinacas frescas / 200 g de queso Chihuahua / harina / sal / 3 huevos

Para la salsa

1/2 k de jitomate / 1 diente de ajo
1 cucharadita de azúcar / 50 g de cebolla
1 hoja de laurel / sal y pimienta

Se lavan las espinacas y se les quitan los tallos. Se ponen a cocer en un traste, tapado, con un vaso de agua y una cucharadita de sal. Cuando hierve el agua se baja la lumbre y se dejan de tres a ocho minutos más. Luego se dejan enfriar y escurrir. Se parte el queso en ocho pedazos. En un plato, se pone una cucharada de harina. Las espinacas se separan en ocho porciones. Cada una se aplana un poco, se le pone un pedazo de queso, se cierra y con las manos se forma la torta, exprimiéndola para eliminar el exceso de jugo. Se espolvorea cada torta con harina. Luego se capean. Para capearlas se separan las claras de tres huevos y se baten a punto de turrón. Se agregan las yemas, media cucharadita de harina y sal al gusto. Se bate un poco más. Las tortas se cubren con esta mezcla y se fríen en una sartén a la que se le ha puesto una taza de aceite. El aceite debe estar bien caliente. Se sacan, se escurren y mientras se prepara la salsa: se licuan los jitomates sin agregarles agua, con la cebolla y el diente de ajo. En una sartén se pone una cucharada de aceite, se calienta, se cuela bien el jitomate y se echa en la sartén, se revuelve un poco, se agrega la pimienta, una cucharadita de sal, una hoja de laurel. Una vez que hierve se añade (opcional) una cucharadita de azúcar y tres o cuatro minutos después se agregan las tortas, se tapan y se dejan hervir otros tres minutos.

HABAS CON HUEVO

1/2 k de habas frescas (pesadas sin cáscara)
150 g de jitomate / 50 g de cebolla / 2 huevos
1 diente de ajo / sal y pimienta

Se cuecen las habas en un litro de agua, durante dieciocho a veinticinco minutos hasta que estén suaves. Se ponen dos cucharadas de aceite en la sartén donde se van a preparar, para freír allí la cebolla hasta que se acitrone y el ajo picado. Se agregan las habas y se dejan freír poco más de un minuto, luego se añade el jitomate picado sin cáscara y sin semillas y se fríe también cerca de un minuto. Los dos huevos se revuelven aparte y se echan en la sartén, se revuelve todo bien, se agrega sal y pimienta al gusto, hasta que se cueza el huevo.

CREPAS RELLENAS DE HUITLACOCHE
(4 personas)

2 latas de huitlacoche de 250 g c/u / crema espesa
1 trozo de cebolla / mantequilla / 1 diente de ajo
1 hoja de epazote / 12 crepas *(vid.)* / sal

Se pica la cebolla y un diente de ajo grande y se fríen hasta que se acitronan. Se vacían en la sartén las dos latas de huitlacoche, sin jugo, y se agregan el epazote y sal al gusto. Se puede agregar, si se desea, un poco de chile verde picado, pero hay que fijarse si el huitlacoche de las latas ya tiene, o no, un poco de picante. Las crepas *(vid.)* ya preparadas se rellenan y se enrollan como tacos, colocándolas en un traste refractario untado con mantequilla. Al servirse, se les pone un poco de crema espesa y sal al gusto.

CHILACAYOTES CON SALSA DE MOLE

(4-6 personas)

900 g de chilacayotes / 100 g de jitomate
3/4 de vaso de mole / 50 g de cebolla
1 diente de ajo / 1 taza de caldo caliente
de consomé de pollo

Los chilacayotes se lavan, se les corta la base y se les quita el rabo. Se cortan en cuadritos y se les da una enjuagada. Se ponen casi sin agua en un traste a la lumbre, y cuando sueltan el hervor se tapan y se les deja hervir por un minuto o un poco menos. El jitomate se pela y se le quitan las semillas. Se ponen en la licuadora la cebolla, el diente de ajo, la taza de consomé de pollo (o de agua caliente con sal) y el mole. Se licuan, y si queda la mezcla un poco espesa, se añade agua. Se pone en otro traste dos cucharadas de aceite, y allí se fríe un poco la mezcla, se añaden los chilacayotes, escurridos, por unos dos minutos. Cuando sueltan el hervor, la lumbre se baja y se prueban por si les hace falta un poco de sal. Se pueden cocinar también con salsa de adobo y, si no se desea hacer un platillo vegetariano, con carne de puerco.

RAJAS CON CREMA

(4-6 personas)

600 g de chiles poblanos / 2 cucharadas copeteadas de mantequilla / 200 g de crema espesa 100 g de cebolla / 1/2 diente de ajo / sal

Los chiles se ponen a asar directamente a la lumbre, dándoles vuelta, y se colocan después en una bolsa de plástico durante una media hora. Se lavan y se les quita la cutícula o pellejo y se parten en rajas tras haberles quitado también las semillas y el rabo. Si huelen muy picosos, también se les despoja de las venas. En una sartén se pone la mantequilla con la cebolla y el ajo a que se frían hasta que se acitronen. Se agregan entonces las rajas y se fríen, tapadas, con lumbre mediana, con sal al gusto, hasta que se ablanden, por tres o cuatro minutos. Se puede agregar un poco de mantequilla para que se ablanden más. Se añade la crema y todo se cocina por unos minutos más.

TORTAS DE HUAUZONTLE

(4-6 personas)

1/2 k de huauzontle / 100 g de chile ancho
2 chiles pasilla / 1/4 k de queso Chihuahua
6 huevos / vinagre / 1 cebolla mediana
1 diente de ajo / 2 hojas de laurel / harina / sal

Para obtener aproximadamente medio kilo de huauzontle hay que comprar unas diez varas gruesas o más si son delgadas. Se pelan y se desechan. El resto se lava, y con el agua que les queda y un poco más, se pone a hervir el huauzontle con un poco de sal y un cuarto de cebolla durante unos tres minutos, una vez que suelta el hervor. Se les quita el polvo a los chiles y se asan juntos los dos, el ancho y el pasilla. Después se abren, se les quitan las semillas y los rabos y se ponen a hervir con otro trozo de cebolla, el diente de ajo y las dos hojas de laurel. Se escurre cada ramo de huauzontle apretándolo con las manos. Los chiles se licuan con una cucharadita de vinagre y sal, y la mezcla se fríe en una sartén con dos cucharadas de aceite. El queso se parte en tiras como de un centímetro de grueso y se les pone una tira a cada ramo, en medio, y se vuelven a apretar, para darle forma de torta a cada ramo. Las tortitas se enharinan. Por otra parte se separan las yemas y claras de los huevos. Las claras se baten a punto de turrón, se agregan las yemas y se baten, con un poco de sal y una pizca de harina. Las tortitas se empapan en el huevo y se ponen en una sartén con un poco de aceite caliente y se doran. Se les quita el exceso de grasa envolviéndolas con toallas de papel. Se ponen en la salsa de los chiles a hervir un poco. Se sirven con rodajas de cebolla cruda. Si han quedado algunas ramitas duras, se sacan de la boca con los dedos, discretamente.

CHAYOTES RELLENOS DE QUESO

(4 personas)

4 chayotes / 3 rebanadas de pan de caja
200 g de queso Chihuahua / pan molido
3-4 cucharadas de crema / 50 g de mantequilla
sal y pimienta

Se lavan los chayotes y se ponen a hervir de modo que el agua los cubra (uno o un litro y medio), tapados, con una cucharadita de sal. Se cuecen durante unos veinticinco o treinta minutos. Se dejan enfriar, destapados. Se desbaratan con las manos las rebanadas de pan después de quitarles las orillas. Ya fríos los chayotes, se parten a la mitad y se les quita el corazón. Después, con mucho cuidado, se quita la pulpa de los chayotes y se conservan los cascarones. La pulpa se revuelve, en un traste, con el pan y el queso, rallado, un poco de sal y pimienta y la crema. Se rellenan con esta mezcla los ocho cascarones. Se espolvorean con pan molido y se les pone la mantequilla encima del pan. Se meten al horno precalentado a 275°C por veinte o veinticinco minutos.

MOLLETES

(4 personas)

2 bolillos / 1 taza de puré de frijoles / mantequilla queso Chihuahua / una salsa mexicana *(vid.)*

Se cortan a la mitad los bolillos. Se les unta una capa de mantequilla y otra de puré de frijoles (en partes iguales entre los panes) y se cubren con rebanadas delgadas de queso Chihuahua. Se ponen en la parrilla o al horno y se sacan cuando el queso se haya derretido. Se les agrega salsa mexicana al gusto.

LO QUE EL MUNDO LE DIO A MÉXICO

Elogio del cilantro

Que el bello libro *Les Soupers de Schéhérazade* de Odile Godard es pura fantasía, no hay duda. Basta darse cuenta de que la inteligente y célebre cuentista de *Las mil y una noches* no le pudo haber preparado a Harún al-Rashid un *tabboulé* que requería de medio kilo de jitomates, siete siglos antes de que los rojos frutos de la solanácea llegaran a esta parte del mundo. Más apoyadas en la realidad se encuentran las brochetas de carne picada sazonadas con coriandro *(culantro* en España, *cilantro* en México) que guisa *Schéhérazade* para el sátrapa, puesto que esta planta aromática, originaria del Medio Oriente, crecía ya en los jardines colgantes de Babilonia, y en las tumbas egipcias de los faraones de la XXI dinastía se han encontrado semillas. Martha Chapa —gran cocinera mexicana, pintora excelsa de manzanas—, quien nos proporciona esta información en su libro sobre la cocina mexicana, agrega que en China (donde el cilantro se conoce desde el siglo v a.C.), si se ingerían sus semillas en determinadas circunstancias, se podía ganar la inmortalidad. Martha, por otra parte, nos señala que el cilantro era "una de las yerbas amargas que se ordenaba a los judíos comer en la Pascua". Supongo que, sin embargo, a los judíos no les amargó la vida comer cilantro, puesto que —nos dice Maguelonne Toussaint-Samat— esta yerba, conocida también en Europa como "perejil chino", era amada por los hebreos, los romanos y los griegos antiguos, entre otras cosas, quizá porque volvía a los vinos más capitosos y "euforizantes". Y, en efecto, y aquí nos atenemos nuevamente a Néstor Luján, el coriandro, o al menos sus semillas, aparece a lo largo del tiempo como ingrediente de las más variadas cocinas. Se le menciona en el Viejo Testamento. Lo mismo, en una receta escrita en verso, en el siglo x, de un platillo llamado *sanbusak* (el poeta a su vez se llamaba Ishaq ibn Ibrahim, la fuente: el libro de Jack Goody, *Cuisines, cuisine et classes*). En la cocina bizantina se habla de un cabrito sazonado con cilantro verde (me imagino que en este caso se trata de las hojas). En el *Cuento de invierno* de Shakespeare se nos dice que un pastor incluye cinco libras de coriandro entre sus compras, y en *La lozana andaluza,* la novela picaresca del clérigo Francisco Delicado, publicada en 1528 y citada por Luján, se habla de un alcuzcuz que entre otras cosas contiene "albondiguillas redondas y apretadas, con culantro verde". El hecho de que el alcuzcuz sea un platillo de origen árabe nos hace pensar que, también en ese caso, eran las hojas y no las semillas las que se usaban, como ocurre en una gran variedad de platillos de la cocina marroquí perfumados con esta hierba. El sabroso milagro que tiene lugar al agregar a un plato estas aromáticas hojas recién lavadas —y con frecuencia picadas, para extraerles más el alma— no le quita desde luego importancia al empleo culinario de las semillas del cilantro que se han usado —y se usan— en infinidad de pasteles y galletas, *pickles,* sopas, patés, pescados, carnes y aves. Los romanos las usaban para conservar ciertos alimentos, y después se agregaron a algunas medicinas para disfrazar su mal sabor. En la India, las semillas son ingredientes de varios curries, y las hojas, de un delicioso *chutney.* Se recomienda el té de hojas de cilantro para la indigestión y, para descansar en la tina del baño, un chorro de *Spicy coriander water.* A México el cilantro, *Coriandrum sativum,* llegó probablemente en la *Nao de la China,* y muy pronto lo naturalizamos, en el mejor y más amplio sentido de la palabra. Hoy, numerosos platillos de la cocina mexicana no existirían sin la presencia del cilantro… sobre todo, las salsas. El

El Cilantro

sabor de la hoja fresca no sorprende mucho al conocedor de comida china o de la cocina del Magreb. Para los demás, puede ser una verdadera revelación. "¿Es el *xilantro*?", le pregunta Olivia a Italo Calvino en *Sous le soleil jaguar,* cuando trata de identificar un aroma y un sabor que le son extraños en un platillo mexicano. Sí, era el *xilantro* (como lo escribe Calvino, con X), del que basta una brizna en la boca, nos dice el genial escritor italiano, para transmitir a la nariz "una conmoción ligeramente picante, como una ebriedad impalpable"... Otras yerbas importantes con frecuencia presentes en la cocina mexicana son: el pápalo quelite, una yerba que se come cruda, en tacos; el huauzontle, deliciosa en tortas de huevo; las verdolagas, increíbles en caldo con carne de puerco; el acuyo u hoja santa, que antes se usaba para condimentar el chocolate, y hoy el pescado y la carne; el epazote que los conquistadores llamaron "yerbabuena de la Nueva España", que le da un ligero, sutil amargor a los frijoles, los hongos, los sesos y otros platillos y, en fin, muchas otras yerbas nobles con las cuales, si Schéhérazade las hubiera conocido, le habría preparado a su califa mil y una exquisiteces.

LO QUE TAMBIÉN EL MUNDO LE DIO A MÉXICO

Producto de la transculturación y de un maravilloso mestizaje, el nacimiento de la cocina mexicana fue posible gracias también, tal como lo decíamos en el prefacio, a los productos que llevaron los europeos al continente americano, como la vaca (y con ella los productos lácteos), la gallina (y con ella el huevo), el cerdo, la cabra y el carnero. En lo que concierne a frutas y legumbres, la lista es larga y la encontramos en el delicioso libro de Heriberto Rivas, citado en la bibliografía. Rivas nos dice que los españoles contribuyeron con el olivo, el trigo, la vid, el naranjo, el limón, la lima, el manzano, el peral, la fresa, el durazno, el membrillo, el higo, la granada, el melón, la toronja, la castaña, el melocotón, el ajo, la col, la zanahoria, la coliflor, la remolacha, el rábano, la acelga, el espárrago, el nabo, el chícharo, las habas, las lentejas, las alcachofas, la lechuga y las setas. El perejil y el azafrán, nos dice Rivas, fueron introducidos en México por los pasteleros alemanes, en 1535. No tardaron en llegarnos el arroz y la caña de azúcar, ambos originarios de Arabia. Y claro: también la sandía, una fruta mágica en México, porque, al igual que el cilantro, la naturalizamos, nos adueñamos de ella, la hicimos la fruta más mexicana de todas, por el hecho de tener los tres colores, y en el mismo orden: verde, blanco y rojo, de nuestra bandera. Cultivada en Egipto desde el siglo v a.C., la sandía aparece, como una obsesión, en los cuadros de varios pintores mexicanos muy importantes, como María Izquierdo, Olga Costa, Rufino Tamayo y la hoy universalmente conocida Frida Khalo.

Aunque también los poetas, desde luego, se han ocupado de la sandía, como José Juan Tablada:

> Del verano, roja y fría
> carcajada,
> ¡rebanada
> de sandía!

PESCADOS Y MARISCOS

TRUCHAS CON CILANTRO Y PIMIENTO

(4 personas)

4 truchas / 150 g de pimiento morrón
35-40 g de cilantro fresco picado / 100 g de cebolla
limón / 3-4 rebanadas de pan de caja
(125-150 g en total) / mantequilla / tequila
pan molido / sal y pimienta

Se limpian las truchas, quitándoles en lo posible todas las espinas, o se compran ya limpias. Para hacer el relleno, se pone la mantequilla a calentar con la lumbre baja en una sartén. Se corta la cebolla en medias lunas y se fríe en la mantequilla hasta acitronarse. Se le quitan las semillas al pimiento y se pica en cuadritos regulares. El pan se remoja en agua fría para hacer una pasta y se exprime bien después. Se pone el pimiento en la sartén, se deja freír por unos dos minutos y se agrega el cilantro, sal al gusto, una cucharada de tequila blanco y dos cucharadas de jugo de limón. Se agrega asimismo el pan y se revuelve todo. Se deja otros dos o tres minutos a fuego mediano y después se deja enfriar para rellenar las truchas. Cuando las truchas están rellenas, se colocan en un traste refractario untado con mantequilla, tras haberles puesto un poco de sal y pimienta. De preferencia se amarran con un hilo para evitar que se salga el relleno. Se le pone encima a cada trucha uno o dos trocitos de mantequilla y se espolvorean con pan molido. Se meten al horno precalentado, a 250°C, por unos veinte a treinta minutos. Se adornan al servirse con ramitas de cilantro y rebanadas de limón.

PESCADO A LA VERACRUZANA

(4 personas)

4 rebanadas de huachinango de 200 a 300 g c/u
1/2 k de jitomates / 200 g de cebolla
200 g de pimiento rojo de lata / 50 g de aceitunas
2 hojas de laurel / 1 ramita de tomillo
1 pizca de mejorana / 2 cucharaditas de alcaparras
1 cucharadita de perejil fresco picado
sal y pimienta

Se lavan los jitomates, se parten y se muelen perfectamente en la licuadora, sin agregar agua. Las cebollas se rebanan en gajos. Se pone una cacerola a fuego mediano con una cucharada de aceite, hasta que éste se caliente, y se pone allí la cebolla a freírse hasta que se acitrone. Se agrega el jitomate, colándolo al mismo tiempo. Se sazona con pimienta y se agregan las hojas de laurel, el tomillo, la mejorana y la sal al gusto. Se deja que la salsa hierva por unos dos minutos. Se baja un poco la lumbre, se agregan las aceitunas partidas a la mitad, las alcaparras y el perejil. Se corta en tiras medianas el pimiento y se agrega, junto con las rebanadas de pescado. Una vez que empieza a hervir, se deja, siempre con fuego mediano, de veinticinco a treinta y cinco minutos. Si el pescado ha soltado agua, se separan con cuidado las rebanadas y se espesa la salsa con una cucharadita de maicena desbaratada en un poco de agua y dejándola hervir con la salsa otros cuatro minutos. Al servirse, se puede adornar con perejil chino.

PESCADO CON MAYONESA

(4 personas)

1 k de robalo o huachinango / 1/2 k de jitomates
1 trozo de zanahoria / 300 g de verduras mixtas congeladas / 150 g de cebolla / 1 diente de ajo
puré de tomate / 200-250 g de mayonesa
1 cucharada de pimiento morrón de lata
3 cucharaditas de alcaparras / 100 g de aceitunas rellenas / 3 ramitas de perejil fresco picado
1 ramita de tomillo / 1 pizca de mejorana
1 hoja de laurel / 1/2 vaso de vino blanco
sal y pimienta

El pescado se pone a cocer en el medio vaso de vino al que se le ha agregado un vaso de agua, con un poco de sal, las ramitas de perejil picado, 50 g de cebolla, el trozo de zanahoria y pimienta al gusto. Una vez cocido el pescado, se aparta, y se deja en la lumbre el caldo donde se coció para que se consuma un poco. Se muele el jitomate en licuadora y se cuela. El resto de la cebolla se corta en pedazos y se fríe en una olla, donde se han calentado dos cucharadas de aceite junto con el ajo, hasta que se acitrone. Ya acitronada la cebolla, se agrega el jitomate y una cucharada de puré de tomate, el laurel, el tomillo y la mejorana, las alcaparras, las aceitunas, el pimiento morrón de lata y sal y pimienta al gusto. Se le agrega el caldo donde se coció el pescado (no más de tres cuartos de taza). El pescado se desmenuza, se le quitan todas las espinas y se le pone en un traste refractario. A esta capa de pescado se le pone arriba un baño de salsa, las verduras mixtas, ya cocinadas, la otra capa de salsa y otra de mayonesa.

BACALAO A LA VIZCAÍNA

Pariente lejano del platillo de Vizcaya, este guisado no falta nunca en las celebraciones navideñas mexicanas.

650 g de bacalao seco / 250 g de jitomate
3 cucharadas de puré de tomate / 250 g de papas
50 g de pimiento morrón de lata / 1 ramita
y 1 cucharada de perejil fresco
1 docena de aceitunas / 3 dientes de ajo
150 g de cebolla / pimienta

Se remoja el bacalao desde el día anterior, cambiándole el agua dos o tres veces. Cuando se va a cocinar se le cambia otra vez el agua y se cuece con unos 50 g de cebolla, un diente de ajo y la ramita de perejil. A partir del hervor se le deja en la lumbre de doce a quince minutos, hasta que la carne se separe fácilmente con el tenedor. Se deja enfriar y se desmenuza, quitándole las espinas que queden. Los jitomates se asan en una sartén, se dejan enfriar y se pelan. El resto de la cebolla y el ajo se pican y se licuan junto con los jitomates y las tres cucharadas del puré de tomate. En el traste donde se va a guisar finalmente el bacalao se ponen tres cucharadas de aceite a calentar, y cuando esté bien caliente, se fríe allí el jitomate unos ocho o doce minutos, hasta que espese. Aparte, las papas se cuecen, con la cáscara, se pelan después y se parten en trozos. Se agrega el bacalao al jitomate, una cucharada de perejil fresco picado, las aceitunas, el pimiento morrón de lata y pimienta (generalmente no necesita sal), así como las papas, y se revuelve por unos minutos.

PULPOS FRITOS AL MOJO DE AJO

(4 personas)

1.3 k de pulpo / 1 taza de vino blanco
75 g de cebolla / 1 ramita de tomillo
1 pizca de mejorana / pimienta en grano
1 cabeza de ajo (50 g) / 40-50 g de mantequilla
2 ramitas de perejil / 2 hojas de laurel / sal

Los pulpos se ponen a cocer en un litro y medio de agua, con una taza de vino blanco seco, la cebolla en trozos grandes, sal, una ramita de tomillo, dos hojas de laurel, una pizca de mejorana, dos ramitas de perejil y unos seis granos de pimienta entera. Cuando sueltan el hervor se les deja una hora más en el fuego. Luego se dejan enfriar para quitarles la piel. Se pela el ajo y se pica. En una sartén se pone la mantequilla a calentar y se le agrega el ajo y el pulpo en pedazos más o menos grandes, moviéndose de vez en cuando mientras se fríe. Se sirve con pedazos de limón y ensalada de col cruda hecha, no con vinagre, sino con limón.

PAN DE CAZÓN

(4-6 personas)

1/2 k de cazón / 1/2 k de jitomate
3/4 de taza de frijoles refritos, aguados
2-3 tortillas por persona / sal / 1 cebolla mediana
2 dientes de ajo / 4 hojas grandes de epazote
chiles habaneros, de árbol o en vinagre al gusto

Se pone a cocer el cazón en un poco de agua, con un cuarto de la cebolla y un diente de ajo. Soltado el hervor, se le deja por unos dos minutos. Se deja enfriar, se escurre y se desmenuza. El jitomate se pela, se le quitan las semillas y se pica. Se pica otro cuarto de cebolla y el otro diente de ajo y se ponen a freír en un traste con dos cucharadas de aceite: primero el ajo y la cebolla, después el jitomate, con lumbre baja. Se agrega el cazón desmenuzado y las hojas de epazote, previamente picadas.

Las tortillas se fríen ligeramente en poco aceite y se untan con los frijoles. Para cada comensal se pone un poco del cazón en una tortilla y se coloca otra tortilla encima y más cazón. Se puede agregar a esto, según el apetito, una tercera tortilla, y acompañar con los chiles habaneros si se desea.

PLATOS DE RESISTENCIA FRÍOS

SALPICÓN
(6 personas)

600 g de carne de res en un solo trozo (falda)
100 g de cebolla / 1 rama de apio / 1 diente de ajo
1 zanahoria chica / 1 jitomate grande / 1 aguacate
1/2 taza de aceite / 1/3 de taza de vinagre
sal y pimienta / lechuga / rábanos
chile verde picado (opcional)

Se cuece la carne en agua, junto con la mitad de la cebolla, la rama de apio, el ajo y la zanahoria, con un poco de sal hasta que la carne quede blanda. Se deja enfriar, se parte en dos o tres trozos y se deshebra. La vinagreta se hace con media taza de aceite, un tercio de taza de vinagre, una cucharadita de sal y pimienta. Se agrega la mayor parte a la carne y se deja ésta unas dos horas macerando. Aparte, se lavan unas hojas de lechuga, se secan bien, y se pican en tiritas. El resto de la cebolla se rebana en medias lunas. Cuando se sirve, se pone en el traste una cama de lechuga con el resto de la vinagreta, luego la carne y luego la cebolla, adornándola. Se adorna también con gajos o rebanadas de jitomate, unos rabanitos abiertos en flor y un aguacate en tiras. Se puede agregar, al gusto, chile verde picado.

ENSALADA DE CODITOS CON ATÚN

(6 personas)

250 g de pasta de coditos / 450 g de atún de lata
100 g de cebolla / 1 cucharada de perejil fresco
molido / 100 g de pimiento verde
100 g de pimiento morrón de lata / 1 hoja de laurel
1 ramita de tomillo / 1 pizca de mejorana
100 g de aceitunas sin hueso / 250 g de mayonesa
100 g de pepinillos en vinagre / sal y pimienta

Se ponen tres litros de agua a hervir en una olla con media cucharadita de sal, el laurel, el tomillo y la mejorana. Una vez que el agua comience a hervir, se baja un poco la lumbre y se vacían en ella los coditos. Se dejan hervir durante unos doce minutos. Mientras tanto se pica finito la cebolla y el perejil y, también en cuadritos, el pimiento verde. Cuando los coditos están listos, se quitan de la lumbre, se les agrega una taza de agua fría, se dejan enfriar y se escurren. Se colocan en un traste hondo, se les quitan las yerbas de olor y se les agrega la cebolla y el pimiento verde. Se abre la lata de atún y se le quita el jugo. Se corta el atún en trozos pequeños y se agrega a los coditos. Se corta también el pimiento morrón y las aceitunas, se agrega todo junto con los pepinillos rebanados y, al último, el perejil y la mayonesa. Se revuelve todo bien y se le pone sal y pimienta al gusto.

ALBONDIGÓN
(4-6 personas)

1 k de carne de res molida / 4 huevos
150 g de cebolla / salsa catsup / 150 cl de vinagre
leche / 1/2 cucharadita de mostaza en polvo
2 rebanadas de pan de caja / tomillo, mejorana
y laurel / 2 dientes de ajo / 2 cucharadas de perejil
fresco picado / sal y pimienta

Se ponen a cocer tres de los huevos. Se ponen a remojar en un poco de leche las dos rebanadas de pan. A la carne molida se le agrega una cucharadita de sal y el zumo de un diente de ajo, media cucharadita de pimienta, la mostaza en polvo, 50 g de cebolla picada muy finamente, se exprime bien el pan y se añade también un huevo crudo entero y una o dos cucharadas de catsup. Se revuelve muy bien con las manos, se coloca la carne así mezclada en un trapo de cocina, limpio y húmedo, y se extiende. En el centro se colocan los tres huevos cocidos enteros y se cierra la mezcla, de modo que, con las manos, se amase una especie de rollo o cilindro, con los huevos duros dentro. Se amarran las puntas del trapo y el rollo se pone a cocer durante una hora y media en un traste, con suficiente agua, de modo que quede siempre cubierto, con las yerbas de olor (una ramita de tomillo, una pizca de mejorana y una hoja de laurel), sal, un poco de perejil, dos cucharadas de vinagre. Hay que vigilar que el agua no se consuma, en cuyo caso se le agrega agua caliente. Ya cocido, se le prensa durante toda la noche poniéndole un peso encima. Al día siguiente se rebana, se ponen las rebanadas en un traste y se cubren de perejil picado y vinagre, se pone encima otra capa de rebanadas y se le cubre también de perejil picado y vinagre.

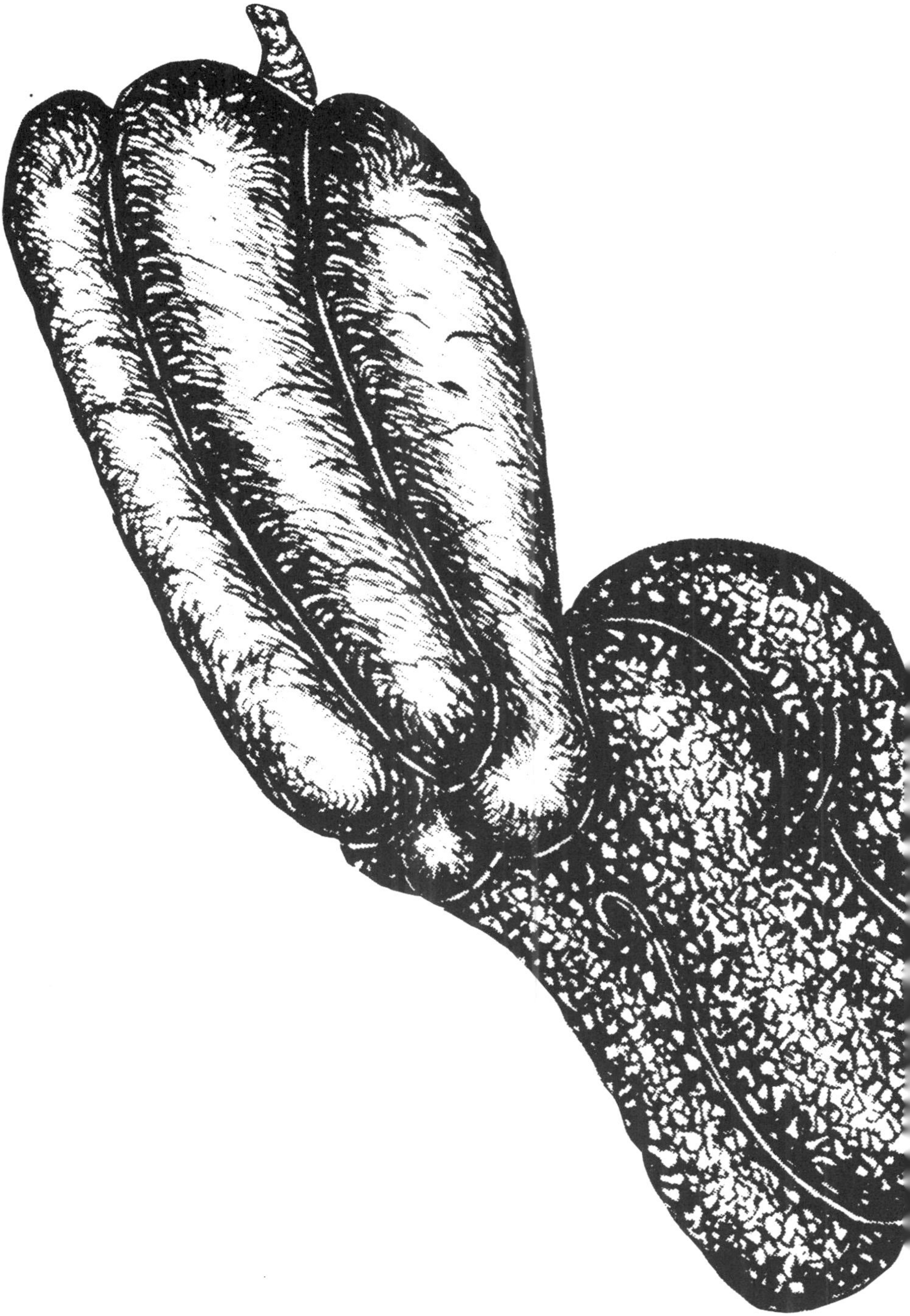

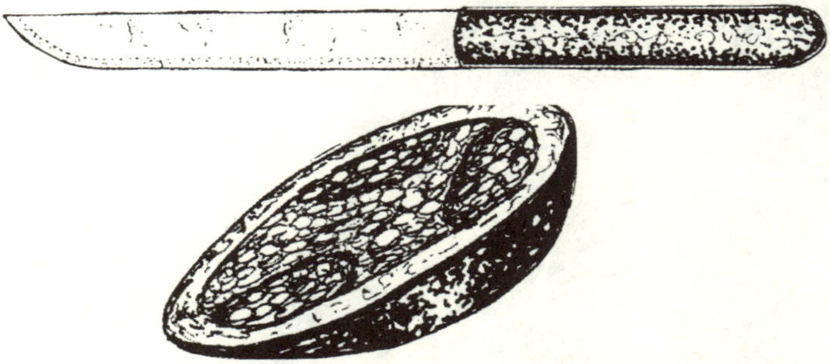

TRES SUGERENCIAS PARA EL DESAYUNO

HUEVOS RANCHEROS
(1 persona)

2 huevos / 2 tortillas
salsa de tomate verde *(vid.)* / sal

Se fríen las tortillas por ambos lados, ligeramente, de modo que queden blandas, que no se tuesten. Se escurren, se ponen en el plato. Se fríen los huevos, estrellados, con un poco de sal, se ponen cada uno encima de una tortilla y se les baña con dos o tres cucharadas de salsa de tomate verde, que debió freírse antes por unos cinco minutos. Puede hacerse también con otras salsas.

HUEVOS REVUELTOS A LA MEXICANA
(1 persona)

2 huevos / 1 chile verde / 100 g de jitomate
40 g de cebolla / 1 cucharada de leche
o crema líquida / sal

Los dos huevos se revuelven muy bien con una cucharadita de sal y una cucharada de leche o crema líquida; al jitomate se le quita la cáscara y las semillas. Se fríe primero la cebolla hasta que acitrone, con el chile verde, picados ambos. Luego se agrega el huevo y el jitomate picado. Se revuelve y se espera a que se cueza el huevo.

CHILAQUILES
(4 personas)

10 tortillas / 40 g de cebolla / 1/2 k de jitomate
1 diente de ajo / 2 cucharadas de puré de tomate
4 cucharaditas de crema / 125 g de queso
Chihuahua / sal y pimienta

Se parten las tortillas en cuatro o seis pedazos cada una y se fríen en bastante aceite, hasta que queden doradas. Se escurren después, y se apartan. En otra cacerola se ponen dos cucharadas de aceite a calentar, donde se fríe la cebolla hasta acitronarse, partida en medias lunas, con el ajo exprimido. Los jitomates se cortan en cuadros chicos, sin cáscara, y se ponen en aceite junto con las cucharadas de puré de tomate desbaratadas en media taza de agua, una cucharadita de sal y pimienta. Se fríe todo bien por unos dos o cuatro minutos y se agregan las tortillas. Se van moviendo con cuidado para no romperlas, y se agrega el queso, desmoronado con los dedos. Se tapa y se deja dos o tres minutos con lumbre muy baja. Al servirse se agrega la crema, una cucharadita por persona y, si se quiere, más queso.

LO QUE MÉXICO LE DIO AL MUNDO

Elogio del chile

En México, no sólo el chile es peligroso, sino también la palabra que lo designa, sinónimo del miembro masculino, y es así como hasta la fecha, en algunas comunidades campesinas, la mujer tiene prohibido entrar a los cultivos del chile, o chilares.

Sin embargo, y como nos cuenta Janet Long-Solís en el mejor libro que se haya escrito sobre este ardiente fruto, *Capsicum y cultura* —y en el cual aprendí prácticamente todo lo que sé de él—, en Hungría es una muestra de orgullo nacional y de virilidad comer páprika, que no es otra cosa que un picante fuerte obtenido de otros *Capsicum:* el *fastigiatum* y el *frutes-*

cens y cuyo empleo se remonta, según algunos historiadores, a la conquista de la ciudad de Mohács por Solimán *el Magnífico* (quien derrotó allí a Luis II en 1526). Hungría perdió su independencia, pero ganó el picante y, con él, un símbolo casi patrio: entre Jancsi Paprika y el muñequito símbolo de la Copa Mundial de Futbol que se celebró en México en 1986, al que llamaron *el Pique,* no hay, en realidad, mucha diferencia.

Todo indica, por otra parte, que el picante llevado así por los turcos a Europa Central era de origen americano, como los que hoy condimentan abundantes platillos de la India y del sudeste asiático y que, en su mayor parte, provienen de la especie mexicana *Capsicum annuum.* Con lo cual los turcos cumplieron, una vez más, su papel de intermediarios (llevaron a Europa las turquesas de Persia, el pavo americano al que por ello llamaron los ingleses *turkey,* y el maíz, al que por la misma razón los súbditos de Albión conocieron como trigo de Turquía).

El chile, no obstante, y aparte de Hungría, nunca conquistó Europa —el *rouille* que se sirve en el sur de Francia con la *bouillabaisse,* y el pollo y los camarones *alla diavola* de la cocina toscana son una excepción— quizá, entre otras cosas, porque los bravos pimientos traídos por los conquistadores se volvieron dulces al contacto con las tierras castellanas. A cambio de ello, se le consume en África, donde existen tres variedades muy bravas, el *mobassa,* el *uganda* y el *pili-pili;* en la India, como decíamos, donde la variedad de curries picantes es enorme: el *Mhaans Turcarri Khasta* de carnero, el *Kofta-Kebab Kathai* o albóndigas de cordero, el pollo estilo *Madrás* y algunas variedades de carnes marinadas con vinagre estilo *Vindaloo,* etcétera, y como también lo cita Long-Solís, en las salsas *sambal* de Indonesia y Singapur, en el *nouac cham* (salsa de pescado) de Vietnam, el *kochu chang* (pasta de chile) de Corea, el *saus prik* de Tailandia y el *harissa* o aderezo de chile y jengibre, que se agrega al *alkuzkuz* (o *cous-cous*), en todo el Maghreb.

En los Estados Unidos el chile tuvo un curioso destino: la palabra que lo designa pasó a formar parte de platillos que *no* son picantes, o lo son poco, como el célebre chili con carne y el *Cincinnati chili,* inventado en esa ciudad por un refugiado búlgaro nativo de Macedonia. Por otra parte, un soldado norteamericano que participó en la invasión de México de 1846-1847, cuando regresó a su nativa Luisiana le llevó a un amigo hacendado, Edward McIlhenny, unas muestras de un chile rojo, muy bravo, que se daba en el estado mexicano de Tabasco. Con este chile, sal y vinagre, McIlhenny creó una mezcla que, al ser añejada durante tres años en barricas de roble, se transforma en la célebre Tabasco Sauce.

¿Dijimos que el chile es peligroso? Bueno, peligroso para los personajes de Flaubert, como Pécuchet, quien le confesaba a su compañero Bouvard

El Chile

que tenía miedo de que las especias le incendiaran el cuerpo. Peligroso, en fin, para el profano, para el despistado, para el novato y para quien se inicia en sus secretos. Es en estos casos cuando, para probarlo, hay que tener la garganta de hojalata, como decía la famosa marquesa Calderón de la Barca. Pero no para aquel que, a lo largo de los años, ha aprendido a disfrutar este maravilloso condimento, este aperitivo sin igual, del que México ofrece una variedad inigualable: chiles redondos y pequeños, largos y amarillos, cónicos, escarlatas, cafés, poco picantes o casi dulces, esmeraldas, opalescentes, suaves o desbordantes de fuego líquido, anaranjados, verde oscuro y rojo pálido, el piquín, el trompo, el habanero, el morita, el serrano, el miahuateco, el güero, el manzano, el catarino, el chile de árbol, el amash, el siete caldos: una lista completa sería muy larga, porque no sólo sus nombres cambian de una región a otra de la República Mexicana sino que a algunos se les llama de manera distinta según se consuman frescos o secos, como el chile poblano, que se transforma en chile ancho, el chilaca en pasilla, el mirasol en cascabel y el jalapeño en chipotle.

Como indicábamos en el prefacio, la comida mexicana puede ser disfrutada sin picante pero... de todos modos, bienaventurados los que aprenden a gozar de este refinamiento sutilmente masoquista que es la gloria de tantas salsas, caldos, adobos y aderezos de la cocina mexicana.

Como curiosidad, citaremos otros usos del chile —uno de los productos tributarios más comunes en la época prehispánica—, fruto que, recomendado por los curanderos como agente terapéutico contra mil padecimientos distintos como la tisis, el estreñimiento, la tos y el dolor de ijada, sirvió también alguna vez como arma. Así lo afirma el historiador mexicano Álvaro Tezozómoc, quien nos cuenta que en una ocasión varios señores nobles enviados a un pueblo para colectar impuestos fueron sofocados por los habitantes con humo de chile.

Sabido es también que los indios de Matagalpa, cuando peleaban contra los mestizos nicaragüenses, llevaban consigo pasta de chile para embarrarla "en los genitales y el culo" de sus enemigos. En este sentido, por supuesto que el chile *sí* es peligroso...

Y ya que a esas partes del cuerpo nos referimos, déjenos el lector contarle que en el Caribe existe un chile al cual, por sus redondeadas formas, se le llama *bouda a Man Jacques*... es decir, "las nalgas de la señora Jacques". En otras palabras, una variedad que, imagino, es ideal para cruzar con cualquier otro chile de forma decididamente fálica.

CARNES Y GRANDES PLATILLOS DE LA

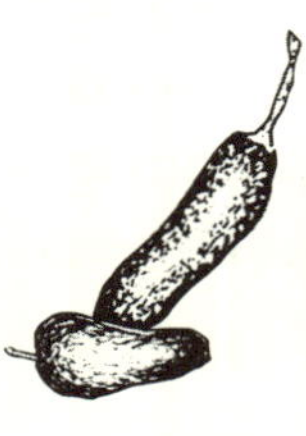

COCINA MEXICANA

MIXIOTES DE CONEJO

(6 personas)

1 conejo (de 1 1/2 k aprox.) / 3 chiles anchos, 1 chile mulato y 1 chile pasilla / 2 cucharadas de vinagre / l diente de ajo / 150 g de cebolla 60 g de aceitunas sin hueso / sal

Se emplea sólo la carne del conejo, sin las vísceras. Se parte la carne en seis trozos más o menos iguales y se le pone un poco de sal. Los chiles se asan, se abren y se les quitan las semillas y, si se ven algunas venas, también. Se ponen a hervir en un poco de agua (media taza aproximadamente), con las dos cucharadas de vinagre, la cebolla, el ajo y un poco de sal. Después de que sueltan el hervor se dejan enfriar y se licuan con el agua que quede. El resultado se fríe en una sartén en la que se han calentado dos cucharadas de aceite y se agregan las aceitunas, finamente picadas. Se cortan doce hojas de papel aluminio de unos 25 cm de lado, que se juntan de dos en dos. Se reparte el conejo en las seis hojas dobles y se baña con la salsa. Se hacen seis paquetes juntando las puntas del aluminio y retorciéndolas y se colocan al vapor por una hora o un poco más. Estos mixiotes se pueden hacer también de pollo, cerdo o res. Antes, en lugar del papel aluminio, se usaba la cutícula de las pencas del maguey, pero esto no es ecológico, ya que sin la cutícula la planta muere.

TINGA DE POLLO

(6 personas)

650 g de pollo ya cocido sin hueso / 250 g de papas
1/2 k de jitomate / sal y pimienta / 2 dientes de ajo
1 cucharadita de azúcar / 2 chipotles de lata
150 g de cebolla / aguacate / 1 chorizo (150-200 g)

Se cuece el pollo con 50 g de la cebolla, un diente de ajo y una cucharadita de sal. Se deja enfriar y se desmenuza o se corta en trozos no muy grandes. Al chorizo se le quita el pellejo y se corta en rodajas. Se pone una cucharada de aceite donde se va a guisar y se fríe allí el chorizo. Si suelta mucha grasa, se le quita un poco. Se saca el chorizo de la sartén y en la grasa que queda se fríe el resto de la cebolla en trocitos y se exprime el otro diente de ajo. Los jitomates, ya sin cáscara y sin semilla, se pican y se agregan a la cebolla, lo mismo que los dos chipotles, sin semillas, cortados en tiritas o picados. Se pone sal y pimienta al gusto y una cucharadita, rala, de azúcar. Se agrega el pollo, se revuelve bien y, si es poca la salsa, se le agrega un poco del caldo donde se coció el pollo. Las papas se ponen a hervir antes, se pelan, se cortan en trozos y se agregan también. Al servir la tinga, se le adorna con rebanadas de aguacate.

ENTOMATADO

(6 personas)

1 k de carne de res (chambarete)
1/2 k de tomates verdes de lata / 200 g de cebolla
2 dientes de ajo / chiles chipotles de lata
sal y pimienta

Se pone a cocer la carne, cortada en pedazos chicos, en un litro o litro y medio de agua, durante una hora u hora y media, con 50 g de la cebolla cortada y un diente de ajo. Ya cocida, la carne se escurre y se fríe. Se rebanan en medias lunas los 150 g restantes de cebolla y se fríe en un poco de aceite, hasta que se acitrone, con el otro diente de ajo. Los jitomates se cortan a la mitad, o en cuatro, según el tamaño, y se echan sobre la cebolla. Se agregan también dos chiles chipotles de lata, partidos. Hay que tener cuidado con estos chiles, que suelen ser muy picantes, y es mejor quitarles todas las semillas, o bien sustituirlos con chiles envasados Lucero, que son muy suaves. Se agrega la carne y se deja con lumbre baja unos diez minutos.

ROPA VIEJA
(6 personas)

**600 g de carne de res / 200 g de cebolla (aprox.)
2 dientes de ajo / 1 trozo de apio de 10 cm
25 g de zanahoria / 500-600 g de jitomates
1 cucharada de puré de tomate / 1 docena
de aceitunas / 2 cucharaditas de alcaparras
1 cucharada de perejil picado / sal y pimienta**

Se pone a cocer la carne en un litro y medio de agua junto con la cuarta parte de la cebolla, un diente de ajo, los trozos de apio y zanahoria y un poco de sal, hasta que la carne esté bien cocida. Se deja enfriar y se deshebra con los dedos. En una sartén, se ponen a calentar dos cucharadas de aceite. Se fríe la cebolla allí hasta acitronarse, con el otro diente de ajo, exprimido. Se le agrega la carne. Se pelan los jitomates, se les quitan las semillas y se pican, y se agregan también junto con una cucharada de puré de tomate. Se revuelve todo bien, se le añade la pimienta y un poco más de sal, al gusto, y media taza del caldo, colado, donde se coció la carne. También, las dos cucharaditas de alcaparras y las aceitunas sin hueso, partidas, y la cucharada de perejil picado, se deja todo en la lumbre de cuatro a ocho minutos.

TORTAS DE CARNE DESHEBRADA

(4 personas)

1/2 k de falda de res / 1 diente de ajo
2 ramitas de perejil / 3 huevos / 50 g de cebolla
1 zanahoria mediana / sal y pimienta / harina

Para la salsa

1/2 k de jitomates / 1 diente de ajo
1 cucharadita de azúcar / 50 g de cebolla
1 hoja de laurel / sal y pimienta

Se corta la carne en trozos grandes que se ponen en una olla a cocer con un litro y medio de agua, aproximadamente, por una hora o un poco más, con dos ramitas de perejil, 50 g de cebolla, un diente de ajo, la zanahoria y sal al gusto. Cuando está bien cocida se saca, se deja enfriar y se deshebra con los dedos. Aparte, se separan las claras de tres huevos. Se baten a punto de turrón. Se agregan las yemas, media cucharadita de harina y sal al gusto. Se bate un poco más. La carne deshebrada se revuelve bien con una cucharada de harina y se le agrega el huevo batido con cuidado. Se pone una taza de aceite a calentar en una sartén y en él se van echando cucharadas de la carne con el huevo hasta que se frían. Se sacan y se escurren, mientras se prepara la salsa: se licuan los jitomates sin agregarles agua, con la cebolla y el diente de ajo. En una sartén se pone una cucharada de aceite, se calienta, se cuela bien el jitomate y se echa en la sartén, se revuelve un poco, se agrega pimienta, una cucharadita de sal, una hoja de laurel. Una vez que hierve se añade (opcional) una cucharadita de azúcar y tres o cuatro minutos después se agregan las tortas, se tapan y se dejan hervir otros cinco minutos.

BISTECES RELLENOS DE PLÁTANO

(4 personas)

1/2 k de bisteces de res (en 4 rebanadas muy aplanadas) / 2-3 plátanos comunes, dependiendo del tamaño / 4 rebanadas de tocino / harina / sal y pimienta

Para la salsa

1/2 k de jitomates / 1 diente de ajo
1 cucharadita de azúcar / 50 g de cebolla
1 hoja de laurel / sal y pimienta

Éste es un platillo que sólo se guisa en mi casa. Es exquisito. Socorro no recuerda de dónde o de quién obtuvo la receta.

Se pelan los plátanos y se cortan en cuatro pedazos, cada uno del ancho de cada bistec. Se envuelve cada plátano con la rebanada de tocino y después con el bistec, al que se le ha puesto sal y pimienta, y se cose con un hilo o se prende con palillos (hay que acordarse del número de palillos empleados en cada bistec). Se ponen dos cucharadas de aceite a calentar en una sartén. Se pasan los bisteces por un plato de harina y se fríen bien por todos lados.

La salsa se prepara así: se licuan los jitomates, con o sin cáscara, sin agregarles agua, con la cebolla y el diente de ajo. En una sartén se pone una cucharada de aceite, se calienta, se cuela bien el jitomate y se echa en la sartén, se revuelve un poco, se agrega pimienta, una cucharadita de sal, una hoja de laurel. Una vez que hierva se añade (opcional) una cucharadita de azúcar, y dos o tres minutos después se agregan los rollos de bistec y, a partir del hervor, se dejan, a fuego lento, unos veinticinco minutos, hasta que la carne esté blanda.

LENGUA EN CACAHUATE
(6 personas)

1 1/2 k de lengua de ternera
250 g de cacahuates salados / 300 g de jitomates
1 trozo de zanahoria / 50-60 g de cebolla
2 dientes de ajo / 2 ramitas de perejil fresco
yerbas de olor / 1 cucharada de vinagre
1/2 taza de vino blanco seco / 1 rebanada
de pan de caja / sal y pimienta

Se pone a cocer la lengua en agua, unas tres horas, con un pedazo de zanahoria, un poco de la cebolla (20 a 25 g), un diente de ajo, las dos ramitas de perejil, tomillo, mejorana, una hoja de laurel, la cucharada de vinagre y dos cucharaditas de sal. Ya cocida, se limpia, se le quita el pellejo y se rebana. En una sartén se pone un poco de aceite, suficiente para freír una rebanada de pan. Se muelen los cacahuates en una licuadora, primero, y ya molidos se les agrega el jitomate en trozos, sin cáscara y sin semillas, con el otro diente de ajo, el resto de la cebolla, la rebanada de pan, que debe ya estar bien tostada, la media taza de vino blanco y una taza y media del agua en la que se coció la lengua. Se muele todo y esta mezcla se vacía en una olla donde se ha puesto ya una cucharada de aceite a calentar. Se agrega pimienta y sal al gusto y la lengua; se deja con lumbre baja de doce a dieciocho minutos vigilando que no se pegue y, si es necesario, se le agrega más del agua en la que se coció la lengua.

CHILES EN NOGADA

(4 personas)

4 chiles poblanos grandes / 1/2 k de carne de res molida / 1 diente de ajo / 10 aceitunas sin hueso 30 g de pasas / 125 g de nueces de Castilla, peladas / harina / 1 pizca de azúcar 1 cucharada de perejil fresco picado 50 g de almendras / queso crema fresco / leche una granada / 1/2 manzana / 1 jitomate grande 1/4 de cebolla / 3 huevos / sal y pimienta

Se asan uno por uno los chiles en el fuego directo, hasta que se desprenda un poco la piel y se queme en algunas partes. Se guardan en una bolsa de plástico "a sudar" unos treinta minutos. Luego se ponen bajo el chorro del agua para quitarles el pellejo, raspándolos ligeramente. Se pone una cucharada de aceite a calentar en una sartén y allí se agrega la cebolla a freír hasta acitronarse, con un diente de ajo exprimido. Se agrega la carne y se revuelve para que se fría, revolviéndola bien con la cebolla, unos ocho o doce minutos. Se agrega entonces el jitomate picado, sin cáscara y sin semillas, la media manzana sin corazón y sin cáscara cortada en cuadritos, las pasas, 30 g de las nueces partidas, las aceitunas sin hueso en pedacitos y el perejil. Se deja todo en la lumbre unos veinte o treinta minutos, tapado. Luego se abren los chiles y se rellenan con el picadillo. Se cierran con un palillo para que no se salga el relleno, y se capean: se separan las claras de tres huevos y se baten a punto de turrón. Se les agregan las tres yemas, sal, pimienta y una pizca de harina. Se bate de nuevo y con esta mezcla se cubren los chiles, previamente enharinados, para freírlos. Ya fritos, se sirven en platos y se bañan con la salsa y se les ponen unos granos de granada fresca.

La salsa se hace así: se pelan las nueces, quitándoles el pellejito. Las almendras se hierven de tres a ocho minutos para pelarlas. Se muelen junto con las nueces hasta hacerlas polvo. Este polvo se muele en la licuadora con el queso, una pizca de sal y una pizca de azúcar; se le va agregando un poco de leche para que no quede muy espesa. Los chiles se sirven calientes, pero la salsa de nuez debe estar a la temperatura ambiente.

MOLE POBLANO

(6 personas)

6 piezas de pollo o pavo / 100 g de chile pasilla 125 g de chile mulato / 75 g de chile ancho 100 g de chocolate de mesa / 200 g de jitomate 1 cucharadita de cominos / 50 g de ajonjolí 100 g de almendras / 50 g de cacahuate 1/3 de cucharadita de anís / 100 g de cebolla 2 dientes de ajo / 1 tortilla tostada / 1 rebanada de pan de caja / 75 g de pasas / 50 g de plátano pimienta en grano / 1 trozo de 2-3 cm de canela entera / 2 clavos de olor / sal

Se asan los chiles en una sartén caliente a fuego mediano, cuidando que no se quemen. Se dejan enfriar y se les sacan las semillas y las venas. En un traste se ponen a hervir tres cuartos de litro de agua, y al comenzar el hervor se echan los chiles y se les deja por unos cuatro minutos. Se fríe la rebanada de pan, aparte. Lo mismo la tortilla, que quede dorada. En otra sartén con lumbre baja se ponen dos cucharadas de aceite a calentar para freír las almendras, el cacahuate, las pasas y el ajonjolí. La cebolla y el ajo, en pedazos grandes, se agregan a la misma sartén unos cinco a siete minutos después, con el comino, los clavos, el anís, el pan, la tortilla, la canela, dos o tres granos de pimienta, y se deja todo unos tres o cuatro minutos más. Se pone en la licuadora el jitomate sin cáscara y sin semillas, y se le agregan los chiles, la fritura de los demás ingredientes, el trozo de plátano sin cáscara, sal y el chocolate, y se muele todo, junto o en partes proporcionales según el tamaño de la licuadora. La pasta resultante se cuela en un cedazo. En una olla honda, de preferencia de barro, se ponen dos cucharadas de aceite a calentar para freír allí toda la pasta, con fuego mediano, unos ocho minutos. Aparte, las piezas de pollo o pavo que se han cocido previamente. Del agua donde se cocieron se agrega una taza al mole. Se deja todo con lumbre baja unos doce a catorce minutos, y se le agregan las piezas de carne. Se dejan otros doce a catorce minutos. Ya servido en los platos, se espolvorea el mole con un poco de ajonjolí. No importa que sobre salsa, al contrario, puede usarse en enchiladas *(vid.)* y otras delicias.

ENCHILADAS DE MOLE POBLANO

(4 personas)

Salsa de mole poblano (la mitad de la necesaria para el mole) *(vid.)* / 1/2 k de pavo o pollo deshuesado / 12 tortillas / 100-150 g de cebolla crema

En una sartén se pone aceite a calentar para sofreír cada tortilla, una por una. Cada una se sumerge en el mole, se saca, se le pone la carne, que se divide en doce porciones, se dobla, y se sirven de tres en tres. Ya servidas se les agrega más salsa al gusto, la cebolla picada y una o dos cucharadas de crema por plato.

VOLOVANCITOS DE MOLE

Una exquisita botana para aprovechar la salsa o pasta de mole poblano.

24 volovancitos / 1 taza de mole poblano *(vid.)*

Se rellena cada volovancito con una cucharadita de mole. Se pueden comer a la temperatura ambiente, o bien calentar unos minutos en el horno o en el microondas.

TAMAL DE CAZUELA

(4-61 personas)

300 g de harina de maíz / 2 tazas de salsa de mole *(vid.)* / 300 g de pollo ya cocido, sin huesos 3-4 cucharadas de granos de elote en lata 200 g de manteca de cerdo / 1 cucharadita de levadura en polvo / 75-100 g de queso Chihuahua / mantequilla / sal

Se prepara la salsa de mole *(vid.)*. El pollo, ya cocido, se desmenuza. En un traste hondo, se pone la manteca de cerdo y se bate con una pala para que se ablande. En otro traste se pone la harina con una cucharadita de levadura y una de sal y se le agrega la manteca. La mezcla se revuelve mientras que, poco a poco, se le agregan dos tazas de agua tibia o de consomé de pollo. Se bate con paciencia unos quince minutos. Se tiene al lado un vaso con agua y se toma una muy pequeña pizca de la mezcla. Si flota, la masa está lista. Si no, hay que seguir batiendo. Se engrasa con mantequilla un traste refractario. Se forra el fondo y los lados con una capa de masa, delgada (aproximadamente la mitad de la masa). Se pone allí el pollo desmenuzado, repartido, así como los granos de elote de lata, y se bañan con una taza y media del mole. Se cubre todo con el resto de la masa, como una tarta. Se pone al horno precalentado a 250°C, por una hora u hora y cuarto. Cuando esté listo, agregar el queso para que se derrita. Se conserva el resto del mole caliente, y se baña a la hora de servirse.

MOLE VERDE

(4 personas)

4 piezas de pollo / 80 g de pepitas de calabaza
30 g de chiles verdes / tomate verde (300 g aprox.)
1 pizca de cominos / sal / hojas de rábano
2 hojas de lechuga / 2 dientes de ajo
30 g de cebolla / 1 1/2 cucharadas de cilantro fresco picado

Se cuecen las piezas de pollo en agua, con la cebolla, un diente de ajo y una cucharadita de sal. A los chiles, si no se desea que el mole quede muy picante, se les sacan las semillas: se cortan longitudinalmente y prácticamente se vacían, quedando sólo la piel. Las manos se lavan después cuidadosamente. Los chiles se hierven de dos a cuatro minutos para que se ablanden. Se muelen en la licuadora las pepitas de calabaza y se apartan. Se muelen después en la licuadora, juntos: los tomates verdes, los chiles, el otro diente de ajo, una pizca de cominos, las hojas de lechuga y de rábano, el cilantro y sal. Ya bien molido todo, se le agregan las pepitas y una taza del caldo en el que se coció el pollo y se vuelve a moler. Se ponen dos cucharadas de aceite en una olla y cuando está bien caliente se echa la mezcla para freírla. Cuando comienza a hervir se baja la lumbre y se deja de veinte a veinticinco minutos, agregando, si es necesario, más caldo, para que no espese demasiado, y se menea. A los ocho o diez minutos de que comience a hervir se agregan las piezas de pollo.

POZOLE BLANCO

(4-6 personas)

600 g de maciza de puerco / 2 bolsas de maíz perla (3-4 k, aprox.) / 200 g de cebolla / 2 dientes de ajo
1 mano de puerco (400 g) cortada en cuatro partes
1 manojo de rábanos / 6-8 hojas de lechuga
limón / chile rojo en polvo / orégano / sal

Se lava la mano de puerco y se pone a hervir en dos litros de agua durante treinta y cinco minutos. Se agrega la carne partida en trozos y se deja otros 30 minutos, con 50 g de la cebolla, los dos dientes de ajo y sal. El maíz se pone a remojar y después a hervir hasta que se ablande, luego se agrega a la carne y se deja otros 12 a 15 minutos. Aparte, se pica la lechuga en tiras delgadas, se rebanan los rábanos en rueditas y se pica el resto de la cebolla. Las tres cosas, cebolla, lechuga y rábanos, se llevan a la mesa para que cada quien se sirva al gusto. Lo mismo el limón, el chile y el orégano (este último se sirve con los dedos, apretándolo para desmoronarlo más y así sacarle el aroma). El puerco se puede sustituir con pollo.

MOLE DE OLLA

(4-6 personas)

**700-800 g de espinazo de puerco / 150 g de ejotes
1/2 k de calabacitas / 1-2 elotes / 100 g de cebolla
limón / 1 diente de ajo / 2 chiles anchos
1 chile pasilla / 1 ramita de epazote
2 xoconostles (tuna agria) / sal**

Se pone el espinazo a cocer en un litro y medio de agua, con un poco de cebolla (30 g aproximadamente) y el diente de ajo, más dos cucharaditas de sal. A partir del momento del hervor se deja cocer cerca de una hora y, mientras tanto, se le irá agregado: el maíz en mazorca, a los quince o veinte minutos del hervor; los ejotes, a la media hora, y las calabacitas, los xoconostles, los chiles y el epazote, a los cuarenta o cincuenta minutos aproximadamente Los elotes, ya cocidos, se agregan en trozos (de una cuarta o quinta parte de la mazorca), los ejotes, partidos a la mitad; las calabacitas, sin puntas y cortadas en trozos no muy chicos. Con los chiles se hace lo siguiente antes de agregarlos al cocido: se asan directamente en una sartén sin aceite, cuidando que no se quemen, hasta que se inflen un poco. Se abren después para sacarles las semillas e incluso las venas. Se ponen luego a hervir en una taza y media de agua y, ya sin el agua, se muelen con otro poco de cebolla (unos 20 g). Se agregan al guiso. Este "mole de olla" se sirve con un poco de cebolla picada y limón al gusto.

ALBÓNDIGAS CON CHIPOTLE

(6 personas)

350 g de carne molida de res / 350 g de maciza de puerco molida / 3 rebanadas de pan de caja leche / 6 huevos / 2 cucharaditas de arroz 1 diente de ajo / 1 cucharadita de perejil fresco 150 g de cebolla (aprox.) / 1 1/2 k de jitomate 2 cucharadas de puré de tomate / yerbas de olor 2 chiles chipotles de lata / sal y pimienta

Se ponen tres rebanadas de pan de caja, sin los bordes, a remojar en leche, y se cuecen tres huevos. La carne se prepara como sigue: se le agregan 100 g de cebolla picada, las rebanadas de pan bien exprimidas, media cucharadita de pimienta molida, una cucharadita de sal, tres huevos crudos y dos cucharaditas de arroz crudo. Se revuelve todo muy bien. La salsa se prepara poniendo en una olla dos cucharadas de aceite a calentar, donde se fríe el resto de la cebolla (unos 50 g), picada, hasta acitronarse, y un diente de ajo, exprimido. Se lavan los jitomates, se licuan junto con los chipotles y se vacían en la olla colándose al mismo tiempo. Se agrega a la salsa las dos cucharadas de puré de tomate, las yerbas de olor, sal y perejil fresco, picado. Se cortan los huevos cocidos en trozos de modo que cada albóndiga lleve un pedazo adentro. Las albóndigas, del tamaño de un huevo más o menos, se moldean con las manos. Se ponen en la olla y se dejan de treinta y cinco a cuarenta minutos. Salen dieciocho albóndigas, tres para cada persona.

MANCHAMANTELES

(6-8 personas)

700 g de carne maciza de puerco
2 pechugas de pollo / 50 g de chile ancho
25 g de chile pasilla / 1 rebanada de pan de caja
250 g de jitomate / 70 g de cebolla
5 dientes de ajo / yerbas de olor
300 g de plátano macho / 250 g de manzana
150 g de chorizo / 250 g de pera / 200 g de piña
sin corazón (2 rebanadas) / 150 g de camote
50 g de almendra molida / 2 clavos de olor
1/4 de cucharadita de pimienta / 1/4 de cucharadita
de canela en polvo / 1 pizca de nuez moscada
1/4 de cucharadita de orégano / 1 cucharada
de vinagre / 1 cucharadita de azúcar / sal

Se pone a cocer el puerco, en trozos, con un poco de cebolla (20 g), tres dientes de ajo y las yerbas de olor. A la media hora, se le agrega el pollo. Se cuece durante cerca de una hora o poco más. Se asan los chiles en una sartén sin aceite o en una plancha. Se abren y se les quitan las semillas y venas y se ponen a hervir con poca agua hasta que se ablanden. Se aparta el agua en la que se cuecen los chiles y éstos se ponen en la licuadora, con el jitomate sin cáscara y sin semillas, otros dos dientes de ajo, más cebolla (50 g), pimienta, canela, el orégano, el clavo, la almendra molida, la nuez moscada, la sal, el azúcar, el vinagre y la rebanada de pan, que debe estar bien frita (casi tostada) en aceite. Se muele todo perfectamente con media taza del caldo donde se coció la carne. La mezcla se pone en una olla, en la que se han puesto dos cucharadas de aceite a calentar; allí se fríe durante unos tres minutos con más caldo. Se agrega la carne y el chorizo ya rebanado y previamente frito en su propia grasa, se deja otros tres minutos y se agregan las frutas: el plátano cortado en rebanadas con todo y cáscara, el camote ya cocido y sin cáscara en trozos, la pera y la manzana en trozos y sin semillas y la piña sin corazón y cortada. Se deja todo unos doce a quince minutos en la lumbre, se añade más caldo si es necesario.

PANCITA

(6-8 personas)

1 1/2 k de pancita / 300 g de papas
100 g de zanahorias / 140 g de puré de tomate
(1 lata) / 3 ramitas de perejil fresco
3 dientes de ajo / 2 cubitos de consomé de pollo
50 g de cebolla / 50-60 g de aceitunas
1 ramita de tomillo / 1 pizca de mejorana
2 hojas de laurel / sal y pimienta

Al servirse

limón / orégano / cebolla picada
chile verde (opcional)

En una olla, a lumbre mediana, se ponen dos cucharadas de aceite, y cuando esté caliente, se agregan el ajo y la cebolla picados finamente. Cuando la cebolla se ha acitronado se agrega la pancita, cortada en pedazos pequeños, más la lata entera del puré de tomate y se revuelve. Se agregan tres tazas de agua más las yerbas de olor (tomillo, mejorana y laurel) y el perejil, picado. Se añaden también los dos cubitos de consomé de pollo y las zanahorias, cortadas en barras. A los quince minutos se agregan las papas, cortadas en pedazos regulares, y las aceitunas, y se deja hervir todo otros diez minutos. Se sirve en platos hondos y, ya en la mesa, se agrega al gusto zumo de limón, cebolla picada y una o dos pizcas de orégano molido con los dedos y, si se desea, un poco de chile verde fresco y picado.

CALABAZAS CON CARNE DE PUERCO

(4-6 personas)

374 g de carne de puerco / 600 g de calabacitas
100 g de granos de elote de lata / 2 jitomates
(400 g aprox.) / 200 g de chile poblano
puré de tomate / 100 g de cebolla / 2 dientes de ajo
1 cucharada de perejil fresco picado / crema
sal y pimienta

Se pone a hervir poco más de un litro de agua, con una cucharadita de sal. Se corta el puerco en pedazos no muy grandes y se echa la carne a la olla con un pedazo de cebolla y un diente de ajo. A partir del hervor se baja un poco la lumbre y se deja hervir por unos treinta y cinco minutos hasta que se cueza bien. Se escurre y se guarda el caldo. Se parte en tiras el chile poblano. Se muelen en la licuadora los dos jitomates y se cuelan. Se pica la cebolla. Se ponen a calentar en una olla dos cucharadas de aceite para freír la carne de puerco con el resto de la cebolla y se exprime otro diente de ajo. Se agregan también las tiras de chile y se fríe todo por unos cinco minutos, moviendo constantemente. Se agrega el jitomate colado y una cucharada de puré de tomate, la cucharada de perejil, una cucharadita de sal, pimienta y los granos de elote de lata. Se deja con lumbre baja. Se cortan las calabacitas (eliminando las puntas de todas) en cuadritos pequeños y se van echando a la olla. Si se necesita caldo, se agrega el mismo en que se coció el puerco. A partir del primer hervor, se dejan de ocho a doce minutos. Se sirven con un poco de crema fresca espesa.

ROMERITOS CON TORTAS DE CAMARÓN SECO

(6-8 personas)

700 g de romeritos / 250 g de nopales
300 g de papas / 200 g de camarones secos
2 huevos / 1 tableta de chocolate de mesa
6 ramitas de cilantro / 50 g de cebolla
1 jitomate mediano / pasta de mole o salsa *(vid.)*
1 cucharadita de consomé de pollo o res
1 diente de ajo / sal

Se le quita a los romeritos los tallos gruesos y se limpian. Se ponen a hervir en un traste con agua y un poco de sal, tapados, con lumbre baja, unos dos minutos. Las papas se cuecen, se pelan y se cortan en cuadritos. Los nopales se parten en cuadros, se ponen a la lumbre en un traste con agua y se les agregan las seis ramitas de cilantro —o bien unos rabos de cebolla— hasta que estén cocidos. De los camarones se pone la mitad de ellos —unos 100 g— a cocer en agua, pero *sin* sal, ya que de por sí son salados. Ya cocidos se pelan, y se guardan tanto los camarones como el caldo en el que se cocieron. Los otros 100 g se muelen enteros en la licuadora con todo y caparazón hasta hacerlos polvo. Se cuela este polvo y los pedazos que queden en el colador se muelen y cuelan cuantas veces sea necesario, hasta hacerlos también polvo.

La salsa de mole se elabora de acuerdo con nuestra receta (*vid.*), pero si se desea, usar pasta ya hecha; se muele en la licuadora con el jitomate, la cebolla, el chocolate, el diente de ajo y un vaso de agua hirviendo con la cucharada de consomé. La mezcla se fríe con un poco de aceite, se añaden los romeritos, las papas y los camarones cocidos; se agrega al gusto el caldo en el que se cocieron los camarones.

Las tortitas

Se separan las claras de las yemas de los huevos. Se baten a punto de turrón. Se agregan las yemas y se baten antes de que se bajen las claras batidas agregando el camarón en polvo. En aceite ya caliente, se ponen una a una cucharadas de esta mezcla a freír cuidando que no se quemen. Se escurren en servilletas de papel y se sirven junto con los romeritos.

VERDOLAGAS CON CARNE DE PUERCO

(4-6 personas)

1 manojo de verdolagas (1/2 k aprox.) 1 1/2 k de espinazo de puerco / 1 k de tomate (tomatillo) / 3-4 chiles verdes / 1 cebolla mediana (partida en 3) / 3 dientes de ajo / 5-6 ramas de cilantro / sal

Se le quitan los tallos más largos y gruesos a las verdolagas y se lavan. Se dejan escurrir. Se pone en un traste media taza de agua, sal, un diente de ajo y la tercera parte de la cebolla. Cuando suelta el hervor se agregan las verdolagas y se dejan hervir de dos a cuatro minutos. Se apartan del fuego. El espinazo se pone a hervir en un traste con tres o cuatro tazas de agua, sal, otro diente de ajo y otro trozo de la cebolla. Se deja hervir por unos tres cuartos de hora o hasta que esté suave, a lumbre mediana. Si hiciera falta agua se le agrega un poco. Se les quita la envoltura exterior a los tomates. Se lavan y se ponen a hervir en una taza de agua, con el resto de la cebolla y el ajo, los chiles verdes enteros y el cilantro, previamente picado. Cuando suelten el hervor se les deja por uno o dos minutos. Se dejan enfriar un poco, se cuelan y se licuan. En otro traste se ponen tres cucharadas de aceite. Cuando éste se caliente, se fríe por unos momentos el licuado. Se cuelan las verdolagas y se agregan, junto con los trozos, ya sin el agua en que se cocieron, del espinazo. El platillo debe estar un poco caldoso, así que, si es necesario, se agrega un poco del caldo en el que se coció el espinazo. Se hierve por unos minutos y, si es el caso, se le añade sal al gusto.

ACELGAS CON PAPA Y CHORIZO

(4-6 personas)

1 k de acelgas / 400 g de papas / 250 g de chorizo (3 chorizos) / 1 k de jitomate / 3 cucharadas de puré de tomate / 150 g de cebolla (fileteada) 1 diente de ajo picado / sal

Las papas se cuecen, se pelan y se cortan en cuadritos. Se lavan las acelgas, se escurren y se les corta un poco el rabo. Se cortan en trozos pequeños. El chorizo se rebana y se fríe en un poco de grasa. Ya frito se le pone en otro traste, y en la grasa restante se ponen la cebolla y el ajo a acitronar. Una vez acitronados, se agregan en el mismo traste los jitomates, ya sin semillas, picados, las tres cucharadas de puré de tomate así como las papas, el chorizo y un poco de sal (hay que recordar que el chorizo es de por sí salado). Se añaden finalmente las acelgas, que previamente se han sancochado, meneándolas, por uno o dos minutos, y habiéndolas tapado después unos momentos. Se calienta toda la mezcla por unos minutos, con lumbre baja.

CHILES ANCHOS RELLENOS DE QUESO

(4 personas)

4 chiles anchos de buen tamaño / 4 rebanadas de queso Chihuahua o asadero / 1 hoja de laurel crema / 1 trozo de cebolla / 1 diente de ajo, chico 1/2 k de jitomate / 3 huevos / harina sal y pimienta al gusto

Los chiles no se lavan: se les limpia el polvo con un trapo. Se asan en un comal ya caliente, con la lumbre baja, apachurrándolos un poco para que se inflen, cuidando que no se quemen. Después se abren con una tijera y se les sacan las semillas, cuidando de no romper el chile. Se extienden en una sartén, se les agrega agua y se ponen a hervir con una pizca de sal.

Cuando sueltan el hervor se apaga la lumbre, se tapan y se dejan descansar por unos cinco minutos. Se escurren y se secan con cuidado con una toalla de papel. Luego se separan las claras de los huevos y se baten a punto de turrón. Se agregan las yemas y se mezclan. Cada chile se rellena con una rebanada de queso. Se cierran, se les enharina por los dos lados. Se meten en la mezcla de los huevos para capearlos y se comienzan a freír en un aceite un poco caliente, no mucho.

Aparte, los jitomates se asan, se pelan, se licuan con la cebolla, el ajo y el laurel. En un traste con aceite caliente se echa esta mezcla, colándola, se le agrega media taza de agua y sal y pimienta al gusto. Se deja hervir por unos cinco minutos. Ya listos para servir, se añaden los chiles a la salsa de jitomate y se dejan con lumbre baja de tres a cinco minutos. Se pueden servir con una cucharada de crema cada uno.

CARNITAS A LA MICHOACANA

(4-6 personas)

600 g de maciza de puerco
2 cucharadas de leche condensada
2 cucharadas de jugo de naranja
aceite o, de preferencia, manteca de cerdo
pimienta blanca / laurel, mejorana (u orégano)
y tomillo / sal

La leche condensada y el jugo de naranja se mezclan y se agregan a la carne completa, para que se macere, por dos o tres horas. Se pone un poco de aceite en un traste (o, de preferencia, manteca de puerco), se calienta bien y se baja la lumbre. Se escurre el trozo de carne y se fríe en la grasa caliente de los dos lados, por unos minutos. A la salsa sobrante de la leche y la naranja se le agrega una media taza de agua, la pimienta, las yerbas de olor y una pizca de sal. Se vierte el líquido en la carne sin quitar la grasa. Se tapa y se deja cocer con lumbre muy baja, hasta que la carne esté cocida y blanda. Hay que darle vueltas de vez en cuando. Si hay exceso de jugo se le quita y se deja un poco más la carne en la lumbre con la flama ligeramente más alta, para que se dore, teniendo cuidado de que no se queme. Después se deja descansar, tapada, y se parte en cuadritos, y ya está lista para los tacos con la salsa e ingredientes de su gusto: cebolla y cilantro, aguacate, chicharrón, lo que prefiera.

TORTAS AHOGADAS

Birotes salados (o teleras) / carnitas *(vid.)*
frijoles refritos, peruanos o negros *(vid.)*
rábano, cebolla y lechuga picados / salsa *(vid.)*

Originarias de Jalisco, en casa hacemos así estas famosas tortas: se tienen unos birotes salados, pequeños, en cantidad suficiente para el número de comensales. Si el birote es grande, se parte en trozos regulares (se puede sustituir por telera). Los birotes se cortan a la mitad, a lo largo, se les quita el migajón y se remojan en la salsa. De un lado se les untan los frijoles refritos —a nosotros nos gusta el frijol negro— y en la otra mitad se ponen las carnitas, ya cortadas. Se agrega un poco de lechuga, rábano y cebolla ya picados. Algunas personas prefieren las carnitas solas. Se lleva a la mesa una salsa picosa para agregarse al gusto. (Véase receta siguiente.)

SALSA PARA LAS TORTAS AHOGADAS

No picosa

1/2 k de jitomate / 1 pedazo de cebolla
1 diente de ajo / 1 hoja de laurel
1/2 cucharadita de orégano / 1 pizca de comino
sal y pimienta

Se asan los jitomates y se pelan. Se muelen en la licuadora con la cebolla, el ajo, el laurel y el orégano. Se pone aceite en un traste y se fríe, agregando la pizca de comino, y se cuela después. Se le agrega sal y pimienta al gusto.

Salsa picosa

1 chile guajillo / 1 pedazo de cebolla
2 chiles de árbol / 2 chiles cascabel
1 cucharadita de vinagre / un poco de orégano
1 diente de ajo / 1 hoja de laurel / sal

Se asan los chiles. Se le quitan las semillas sólo al guajillo. Se ponen a hervir con un poco de agua, la cebolla y el ajo. Una vez que estén blandos se licuan y se cuelan. Se agrega, si es necesario, un poco de agua. Se añade el laurel, el orégano y el vinagre, así como sal al gusto. Se pone a hervir por tres o cuatro minutos. A quien le guste lo picante, puede remojar sus tortas ahogadas en esta salsa, o bien se puede hacer una combinación de las dos salsas.

COCHINITA PIBIL

(4 personas)

1 k de carne de puerco (en un solo trozo)
2 naranjas agrias / 2 cucharadas de vinagre
cebollas moradas en vinagre *(vid.)*
20-30 g de cebolla / 1 diente de ajo
65 g de pasta de achiote / 1 pizca de orégano / sal

Se coloca la carne en el traste donde se va a macerar y se le hunde en varias partes la punta de un cuchillo filoso. Se licua la pasta de achiote, con el jugo de las naranjas, dos cucharadas de vinagre, la cebolla, el diente de ajo, la pizca de orégano, media taza de agua y media cucharadita de sal. La carne se baña con esta mezcla y se deja por unas dos o tres horas, dándole vueltas. Luego se coloca en el horno a 250-300°C, por una hora y cuarto o una hora y media, tapada la carne con papel aluminio, y se vigila para que no se seque la parte de arriba bañándola con la salsa. Se deja enfriar y se parte en trozos pequeños. Se recalienta al llevarse a la mesa, y cada quien se sirve, al gusto, un poco de cebollas en vinagre que se ponen encima de la carne.

PANUCHOS

(6 personas)

1 k de cochinita pibil *(vid.)*
1 taza de puré de frijoles (frijoles refritos)
cebollas en vinagre *(vid.)* / 18-20 tortillas

Se moja cada tortilla en la salsa de la cochinita y se fríe en un poco de aceite, dos o tres minutos, por ambos lados. Después se les embarran los frijoles en partes proporcionales y se les agrega la carne (unos 50 g a cada una) y las cebollas en vinagre al gusto.

CEBOLLAS EN VINAGRE

(para la cochinita y los panuchos)

(4 personas)

170 g de cebollas (moradas de preferencia)
6 dientes de ajo / 100 ml de vinagre
1 cucharada de aceite de oliva / yerbas de olor
1/2 cucharadita de orégano / 1/2 cucharadita de pimienta / sal

Se pelan las cebollas y se cortan en rebanadas gruesas, en medias lunas. Los dientes de ajo se asan en una plancha y se les quita luego la cáscara. Se ponen a hervir, de modo que los cubra el agua, en olla tapada. Se vigilan, y en cuanto sueltan el primer hervor se les agrega la cebolla, se vuelven a tapar y uno o dos minutos después del siguiente hervor se apaga la lumbre. Después se escurren y se vacían en un recipiente al que se le agrega una mezcla de una taza de agua, el vinagre, el aceite, las yerbas de olor, el orégano, la pimienta y la sal. Si no hay cebolla morada, se agregan rebanadas de betabel cocido hasta que se pinten. Se sirven al lado de la carne o encima, pero sin el vinagre o con muy poco.

QUESO RELLENO

(6 personas)

1 1/2 k de queso de bola holandés
350 g de carne de res picada / 180 g de jitomate
1/4 de cebolla / 100 g de jamón
20-30 g de almendras / 30-40 g de pasas
sal y pimienta / 1 cucharadita de alcaparras
20 g de pimiento morrón de lata
1 cucharada de puré de tomate / 4 huevos
orégano / 3 dientes de ajo / 20-30 g de aceitunas

Para la salsa

300 g de jitomate / 1 cucharada de puré de tomate
sal y pimienta / 30 g de cebolla
1 pizca de orégano

Para preparar este exquisito platillo yucateco, se le quita la cera al queso con un cuchillo o un rallador. Se le corta la parte de arriba, que servirá como tapa, y se vacía el queso, dejando un cascarón de un centímetro de espesor más o menos. El queso que se saca no se utiliza en este platillo. Los huevos se cuecen. Se separan las claras de las yemas. Se guardan éstas, y se pican dos de las claras. Las otras dos claras no se utilizan. El relleno del queso se hace como sigue: se pica la cebolla y se fríe, hasta acitronarse, con el ajo. Se agregan entonces las aceitunas, las alcaparras, las pasas, el pimiento morrón picado y el jamón picado. A los dos o tres minutos se agrega la carne, y cinco minutos después el jitomate sin cáscara ni semillas, las claras cocidas, sal, pimienta, el orégano, las almendras sin cáscara, cortadas en pedacitos, la cucharada de puré de tomate. Se deja en la lumbre de quince a veinticinco minutos. Si no se ha consumido el líquido se le deja un poco más. El queso se embarra de aceite por fuera. Se rellena con una capa de picadillo, encima de esta capa se colocan las yemas cocidas, se pone el resto del picadillo. Se coloca el queso en un plato pequeño y se envuelve y se ata con un trapo previamente mojado y exprimido. Se cuece al vapor por unos quince minutos, si el picadillo está caliente al rellenarse. Si no, puede necesitar más tiempo.

La salsa

Se ponen dos cucharadas de aceite a calentar en una sartén, donde se va a freír la cebolla hasta que se acitrone. Se agrega entonces el jitomate picado sin cáscara y sin semillas, se fríe dos a tres minutos y se añade el puré de tomate, sal, pimienta, una pizca de orégano y un tercio de taza de agua. Se fríe de tres a ocho minutos.

PAPADZULES

(4 personas)

12 tortillas / 8 huevos

2 tazas de salsa de mole verde *(vid.)*

Con la salsa de mole verde de las recetas anteriores se puede preparar un platillo yucateco muy sabroso. Cada una de las tortillas se mete en la salsa y se fríe después ligeramente. Los huevos se cuecen bien, se pelan y se pican finito. Con este huevo se rellenan las tortillas, las cuales se doblan a la mitad o se enrollan; se sirven, tres en cada plato, y se les agrega un poco más de salsa y más del huevo picado. Esta receta es una variante de la tradicional, pero es muy buena.

POLLO CON YOGUR Y CHIPOTLE

(4 personas)

4 filetes de pechuga de pollo (100-150 g cada una, aprox.) / 300 g de yogur
1 chile chipotle en conserva / 1 cucharada de mantequilla / 1/2 cucharada de harina
40 g de cebolla / 1 diente de ajo
1 cubito de consomé de pollo / sal

Los filetes de pollo se cuecen en tres cuartos de litro de agua, con la cebolla, el ajo y la sal, unos treinta o cuarenta minutos. Luego se escurren y se fríen en la mantequilla, calentada en una sartén grande, de tres a cuatro minutos de cada lado. Se sacan, y en la mantequilla que queda se fríe media cucharada de harina por dos o tres minutos. Mientras tanto, en la licuadora se pone el yogur, el chile chipotle y el cubito de consomé de pollo. Se muele todo y la mezcla se vacía en la sartén donde se frió la harina. Se deja en lumbre baja de tres a cinco minutos, al final de los cuales se agregan los filetes de pollo, se dejan tres o cinco minutos y se prueban por si les falta más sal. Para que el picante sea suave, pueden emplearse chiles Lucero.

CHICHARRÓN EN SALSA ROJA

(4 personas)

100 g de chicharrón / 1/2 k de jitomate
70 g de cebolla / 2 dientes de ajo / sal
2 chiles verdes (25-30 g en total) / 1 cucharada de puré de tomate / 1 cucharada de cilantro fresco picado

Se ponen dos cucharadas de aceite a calentar en una sartén, para freír allí la cebolla hasta que se acitrone. Los chiles se ponen a hervir en agua unos cuatro minutos. En la licuadora, se pone el jitomate sin cáscara y sin semillas, los chiles, el cilantro, los dientes de ajo, el puré de tomate y una cucharadita de sal. Se muele todo y se agrega a la sartén donde se fríe la cebolla. Se deja unos cinco minutos, se agrega el chicharrón y se deja, con fuego bajo, otros veinte minutos. El chicharrón puede cocinarse también con salsa de tomate verde.

MORONGA EN SALSA VERDE

(4 personas)

400 g de moronga
1/4 de litro de salsa de tomate verde *(vid.)*

La moronga se parte en trozos con todo y pellejo y se fríe con cuidado para que no se desbarate, trozo por trozo. Aparte, la salsa verde se fríe en otra sartén, a fin de que hierva unos cinco minutos, con media taza de agua. Se prueba, por si le hace falta sal, y se agrega la moronga a la salsa, dejándola freír por otros dos o tres minutos. Se sirve inmediatamente.

CRIADILLAS EN SALSA VERDE

(4 personas)

7-8 criadillas / 30 g cebolla / 1 diente de ajo
250-300 g de papa / salsa de tomate verde *(vid.)*
sal

Las criadillas se cuecen en agua de veinte a treinta minutos con unos 30 g de cebolla, un diente de ajo y una cucharadita de sal. Ya cocidas, se escurren, se cortan (en rebanadas que tengan cuando menos un centímetro de grueso, para que no se desbaraten) y se fríen por un minuto o un minuto y medio de cada lado. Se sacan y se apartan. En la misma grasa (si queda mucha se elimina un poco) se fríe una taza de salsa de tomate verde con un poco de agua, por tres a cuatro minutos. Se agregan entonces las criadillas y la papa, que ya debe estar cocida aparte pero todavía un poco dura para que acabe de cocerse con las criadillas. Se deja en lumbre baja otros tres o cuatro minutos.

TAMALES DE OAXACA

(6 personas)

600 g de carne de pollo pesada sin hueso
1/2 k de harina de maíz / 2 tazas de mole poblano *(vid.)* / hojas de plátano
200 g de manteca de cerdo / 1 cucharadita de polvo de hornear Royal

Se cuece el pollo, ya partido o desmenuzado, en un litro y medio de agua. La harina se pone en un recipiente grande y se le agrega la manteca de cerdo, previamente derretida en una sartén al fuego, y la cucharadita de Royal. Del caldo en el que se coció el pollo se toma entre medio y tres cuartos de litro y se vacía en la harina (este caldo debe estar tibio). La mezcla se bate pacientemente con las manos hasta formar la masa. La receta clásica indica que la masa está lista cuando una pizquita de la misma, puesta en un vaso de agua, flota. Si se hunde, es necesario seguir amasando. Las hojas del plátano se hierven para que se ablanden, ya sea en rollo o ya cortadas. Hay que eliminar de cada hoja la orilla, que en realidad corresponde al centro de las hojas, ya que suelen venderlas partidas a la mitad. La masa se separa con las manos en porciones más o menos iguales de unos 80 a 100 g cada una. Se abre cada hoja de plátano, cortada en un rectángulo de unos 20 por 30 cm, y allí se extiende la masa, en el centro, formando una capa delgada. En el centro de la masa se pone un poco de pollo bañado con una cucharada y media de mole. Con la ayuda de la hoja se dobla la masa longitudinalmente de modo que el relleno queda adentro, la masa sellada y la hoja de plátano también doblada, en tres. Luego se doblan los extremos, de modo que queda un paquetito, el cual se amarra con una tira cortada de las mismas hojas de plátano, o un cordón. Se cuecen al vapor por una hora u hora y media, pero no se colocan uno encima de otro para cocerlos, sino uno al lado de otro, separados. Se sabe cuando están listos si, al abrirlos, la masa se desprende fácilmente de la hoja. Salen de doce a quince tamales, más que suficientes para seis personas.

TAMALES SALADOS
(6 personas)

600 g de carne de pollo o de puerco (pesada sin hueso) / 1/2 k de harina de maíz 200 g de manteca de cerdo / 2 cucharaditas de polvo de hornear Royal / hojas de elote (o pedazos de papel aluminio) / 2 tazas de mole poblano o salsa verde

Se cuece previamente la carne de pollo o cerdo. El procedimiento para hacer la masa es el mismo que en la receta anterior, salvo que se ponen dos cucharaditas de polvo de hornear, en lugar de una. Las hojas de elote pueden sustituirse por papel aluminio de unos 20 cm de lado. Si son hojas, se mojan previamente. Si es papel aluminio, debe estar seco. En cada hoja se extiende el equivalente a una cucharada grande, de cocina, copeteada (70 a 80 g), de la masa, en capa no muy delgada, y se le pone en el centro el relleno: un poco de carne de puerco o de pollo con la salsa de tomate verde o salsa de mole, se enrolla la masa y se enrolla la hoja sin apretar, formándose un paquetito. Se cuecen al vapor, parados y no uno encima de otro, por una hora u hora y media. Se sabe cuando están listos si, al abrirlos, la masa se desprende fácilmente de la hoja. Salen unos veinte tamales.

TAMALES DULCES

(6 personas)

1/2 k de harina de maíz / 200 g de mantequilla o margarina / 175 g de azúcar / colorante vegetal de pastelería (rojo) / hojas de elote (o pedazos de papel aluminio) / 80-100 g de frutas cristalizadas / 1 pizca de almendras peladas por cada tamal / 2 cucharaditas de polvo de hornear Royal

El procedimiento para hacer la masa varía un poco: primero se mezcla la mantequilla con el azúcar muy bien, antes de agregarla a la harina para hacer la masa. A ésta se le ponen de diez a quince gotas de colorante vegetal rojo, para que quede color de rosa, y en lugar de un caldo salado, se le agrega de medio litro a tres cuartos de agua tibia, y dos cucharaditas de polvo de hornear. El tamal tiene por supuesto un relleno distinto, en este caso, de macedonia de frutas cristalizadas, con una pizca, cada uno, de almendras sin cáscara. Para darle forma a los tamales y cocerlos, se siguen los procedimientos de las recetas anteriores. Salen unos veinte tamales.

ENCHILADAS VERDES

(4 personas)

1/2 k de pollo deshuesado / 1/2 k de tomate verde 100 g de cebolla / 2 cucharadas de cilantro fresco picado / 1 diente de ajo / 100 g de queso cotija o Chihuahua / 200 g de crema / 2-3 chiles verdes 12 tortillas / sal y pimienta

Se ponen dos o tres chiles verdes (dependiendo del tamaño) a hervir, sin semillas. Después de sacarles las semillas, se lavan las manos cuidadosamente. Éste es un ingrediente que depende del gusto de cada quien y de la intensidad del picor del chile. El tomate, 50 g de cebolla en trozos, dos cucharadas copeteadas de cilantro fresco, el diente de ajo y una cucharadita de sal se ponen a moler en la licuadora. Se calientan dos cucharadas de aceite en una olla para freír la mezcla resultante (de dos a cuatro minutos, con lumbre regular). Se pasan las tortillas por la salsa y se fríen ligeramente. Se acomodan en un platón, y se les agrega el pollo cocido y deshebrado, más salsa, el queso desmenuzado o picado y crema al gusto.

TACOS DORADOS DE POLLO

(12 tacos)

200-300 g de pollo pesado sin hueso / 12 tortillas
100 g de queso cotija o Chihuahua
1 taza de salsa de guacamole *(vid.)*
2-3 hojas de lechuga / 12 cucharaditas de crema

Después de cocer el pollo, se escurre y se deshebra. Si las tortillas están frías, se calientan una por una para que se ablanden, se les pone el pollo proporcionalmente, se enrollan y se acomodan en un traste (se pueden preparar con bastante anticipación). Se fríen poco antes de servirse hasta que se doren y se conservan calientes. Se colocan en un platón y se cubren con la lechuga finamente picada, la salsa de guacamole, un poco de queso (100 g en total) y una cucharadita de crema por cada taco.

SINCRONIZADAS

tortillas de harina de trigo / jamón en rebanadas queso Chihuahua / mantequilla

Cada sincronizada se hace de la siguiente manera: se embarra una tortilla con mantequilla y se pone en una sartén de teflón al fuego, con la parte untada para abajo. Se le pone encima una rebanada de jamón y una rebanada de queso. Se embarra otra tortilla con mantequilla y se cubre la que está en la sartén, dejando la parte untada para arriba. Se deja en la lumbre, mediana, por unos tres minutos y se voltea del otro lado, dejándola otros tres minutos, de modo que se fría ligeramente. Puede agregársele, adentro, unas gotas de alguna salsa picante y servirse con ensalada de aguacate.

TÁRTARA Y HAMBURGUESAS A LA MEXICANA

(4 personas)

600-750 g de carne de res picada
100 g de cebolla picada / 100-150 g de jitomate
1 cucharada de mostaza / 1 cucharada de cilantro
1 diente de ajo / salsa catsup / sal y pimienta

Al principio es una sola receta: se pela el jitomate, se le quitan las semillas y se pica. Se pican, muy fino, la cebolla y una cucharada de cilantro. Se mezcla todo con la carne picada junto con el diente de ajo, exprimido, una cucharada de mostaza envasada (suave), un poco de salsa catsup y unas dos cucharaditas de sal, un poco de pimienta. Se revuelve todo bien, primero con una cuchara; después, con las manos, se hacen cuatro porciones.

Tártara

Se agrega limón a la mezcla y, al momento de servirse, si se desea, un poco de salsa picante. También, al gusto, una yema de huevo, que se pone en el centro, y se revuelve al comerse la tártara.

Hamburguesa

Se redondean las cuatro porciones, moldeándolas con las manos, y se fríen al gusto.

CHILI CON CARNE
(4-6 personas)

El chili con carne es la única concesión que hacemos a la cocina texmex... casi con la certeza de que fue inventado por mexicanos que vivían en los Estados Unidos.

1/2 k de carne de res picada
1/2 taza de frijoles ya preparados (de preferencia rojos o bayos) / 100-150 g de pimiento verde
100 g de cebolla / 2 dientes de ajo / arroz cocido
2 cucharadas de puré de tomate / 1 cucharadita de pimienta de Cayena (o de chile en polvo)
1 cucharadita de comino / 1/2 cucharadita de orégano / 2 ramitas de perejil / pimienta

Se calientan dos cucharadas de aceite en la cacerola donde se va a guisar. Poner allí la carne con la cebolla y el ajo picados, y dejarlos con lumbre baja durante unos ocho minutos, removiendo la mezcla de vez en cuando. Agregar entonces el pimiento, cortado en pedacitos pequeños, la pimienta, la cucharadita de Cayena o el chile en polvo, media taza de agua, el comino y el orégano y la media taza de frijoles con todo y su caldo. Dejar que se guise por unos veinte o treinta minutos. Decorar con el perejil y servir sobre una cama de arroz. Se puede agregar Cayena o chile al gusto. Nosotros solemos acompañarlo con rebanadas de plátano, común y corriente.

LO QUE MÉXICO LE DIO AL MUNDO

Elogio del chocolate

En la célebre novela *Cien años de soledad,* del escritor colombiano Gabriel García Márquez, un sacerdote levitaba —es decir, se elevaba unos centímetros en el aire— cada vez que bebía chocolate. Esto es, sin duda, exagerar un poco las virtudes de ese manjar de los dioses —que tal cosa y no otra significa el nombre científico del cacao, *Theobroma*— que tanto elogiaron los españoles por su valor nutritivo: una taza de chocolate en la mañana era suficiente, según le contaba Hernán Cortés al emperador Carlos V en sus *Cartas de relación,* para dar fuerzas todo el día a un soldado en marcha. Casi tres siglos más tarde, los españoles tuvieron la oportunidad de confirmar, en las guerras napoleónicas, las fuerzas que a sus soldados otorgaba una taza de chocolate caliente en las mañanas. A falta de dioses sobre la tierra, han abundado los soberanos apasionados por el chocolate, empezando por el propio emperador Moctezuma, quien, según fuentes dignas de crédito, bebía hasta cincuenta tazas diarias, perfumadas con otro producto que México le dio al mundo: la vainilla. Y desde luego, además de los humildes curas de pueblo, también los príncipes de la Iglesia han demostrado a lo largo de cinco siglos su devoción por el precioso líquido. Tanto respeto tenía el cardenal Mazarino por el chocolate, que se llevó a Francia, desde Italia, a su propio chocolatero. En ese entonces, la Iglesia se debatía en una ardiente polémica que levantó mucha espuma: a pesar de que varias décadas antes el papa Pío V había establecido que los líquidos no rompían el ayuno, *liquida non frangunt jejunum,* los prelados no estaban seguros de que el chocolate, aun presentado en forma de bebida, pudiera ser considerado un líquido. Hasta que por fin otro gran amante del chocolate, el cardenal Lorenzo Brancaccio, autor de *De usu et potu chocolate diatriba,* lo calificó en 1662 de bebida *per accidens* y, por así decirlo, liquidó el problema, con la ayuda de Aristóteles. Ya para entonces el chocolate había seducido los más delicados paladares europeos. La infanta española Ana de Austria, hija de Felipe II, se llevó el chocolate en el corazón, y en sus valijas, cuando viajó a Francia para casarse con Luis XIII, y la historia se repitió cuando María Teresa de Austria se convirtió en esposa de Luis XIV. Más adelante, Madame de Maintenon se encargó de seguir fomentando el gusto del Rey Sol por el chocolate, de la misma manera que lo hizo Madame Du Barry con Luis XV y, en el siglo antepasado —nuevamente la historia se repite—, la emperatriz Eugenia de Montijo con Napoleón III. Cuando Dumas elabora su *Gran diccionario de cocina,* el chocolate gozaba ya de prestigio y en general se reconocía su origen azteca, tras haberse olvidado la leyenda que afirmaba que un ángel, desembarcado en Bayona, lo había llevado a Europa. Entre otras formas de ingerir el chocolate, Dumas se refiere a una pasta hecha de cacao, canela, azúcar y ámbar gris, según él inventada por los chinos y por lo mismo llamada *Vacaca chinorum.* No sabemos, en realidad, si el chocolate tiene o no virtudes afrodisiacas, como lo aseguraron algunos doctos alemanes, y si fue alguna vez culpable o no de un incremento del onanismo, como lo afirmó en Sevilla, en 1618, un tal Bartolomé Marradón, pero sí que este brebaje, al que Girolamo Benzoni calificó en su *Historia del Mondo Nuovo* (Venecia, 1572) de "aguachirle para los puercos", según Casanova tenía poderosas virtudes seductrices. Por su parte, el marqués de Sade, en *Los 120 días de Sodoma,* nos presenta una serie de jóvenes sultanas que sirven el chocolate a sus huéspedes en traje de Eva. Y en *Juliette* Sade, o ésa es al menos la opinión del doctor Hervé Robert, autor de *Les Vertus thérapeutiques du chocolat,* consagra el chocolate como "principio de la unión del amor y de la muerte". Eros y Tánatos, nada menos. Por si fuera poco, el origen del chocolate, según la leyenda que nos recuerda Mariarosa Schiaffino en su sabroso libro *Chocolates y bombones,* también tuvo que ver con el amor; bueno, con el amor y la lealtad: nació de la sangre de una mujer mexica asesinada por unos bandidos, en ausencia de su esposo, cuando se negó a revelar dónde escondía éste su tesoro. Tesoro fue también para los antiguos aztecas el cacao, y no sólo por haber sido un regalo del dios Quetzalcóatl, sino también porque los mexicanos usaban la semilla como moneda corriente —a veces falsificada, cuando algún vivales le sacaba el contenido por un orificio y la rellenaba de barro—. Derivada probablemente del azteca *xoxoatl* —de *xocoac,* "agrio", y *atl,* "agua"—, la palabra *chocolate* pasó, casi intacta, prácticamente a todas las lenguas del mundo. Por el contrario, su transformación fue fabulosa, y a ella debe su enorme éxito: los antiguos mexicanos sólo tomaban el chocolate líquido con agua, sin endulzar, mezclándolo a veces con vainilla, como dijimos, con maíz o incluso con chile. El azúcar y la leche cambiaron todo, y lo mismo la invención del chocolate en pasta, cremas y jarabes, y sus mil derivados, como los pralinés —inventados para el placer del duque Plessis-Praslin—, las trufas —Périgord, Dior, Montblanc, etcétera—, los innumerables pasteles, como el *éclaire* y los profiteroles, los helados y *soufflés,* el *mousse* y tantas otras maravillas. El caso es que, por motivos diversos, no es en México donde se produce el mejor chocolate: este privilegio le corresponde desde luego a Bélgica, Suiza e Italia; el chocolate de Turín era ya célebre en el siglo XVII. De la misma manera, no es en México, curiosamente, donde más se emplea el chocolate en la elaboración de platillos salados (sí, salados, como quedó dicho en el prefacio, a propósito de una frase de Grimod de la Reynière), pues aparte del mole de pavo, que yo sepa no se usa en ningún otro manjar que no sea un postre, a pesar de que Jean-Marie Fonteneau, en su libro *Le Chocolat et sa cuisine,* menciona una "dorada a la Yucatán", un pavo relleno "Santa Rosa" y unos huevos revueltos "Mecicatl", platillos que por sus nombres parecerían en efecto mexicanos, pero que confesamos no haber probado nunca. A esta lista agrega Fonteneau varios platillos salados —que no se guisan precisamente con *chocolate,* pero sí con *cacao—,* como la sopa guatemalteca, el *xinxim* de pollo brasileño, la carne de res a la gaditana y el encebollado de jabalí. Por su parte Martine Jolly, en su libro sobre el chocolate cuyo subtítulo, *Una pasión devorante,* fue inspirado por una frase de Brillat-Savarin, nos da la receta del pato asado al chocolate, de la perdiz a la moda de Navarra, de la langosta a la catalana (lo que me recuerda que una vez, en Barcelona, cuando fuimos a comer a un restaurante con el poeta mexicano Marco Antonio Montes de Oca y su espo-

El Chocolate

sa Ana Luisa, comí unas sardinas remojadas en chocolate que no me hicieron feliz) y, claro, del mole mexicano, en tanto que Néstor Luján, en su multicitada *Historia de la gastronomía,* nos habla de la carne de Olesa de Monserrat y del conejo a la ampurdanesa, que va con "una salsa casi negra de chocolate..." Y por último, Bruno Comby, en *Délicieux insectes,* nos da la receta de los chococroquines, que no son otra cosa que grillos envueltos en chocolate, y que pueden sustituirse por otros animalitos como las hormigas, las larvas o... ¿se imagina usted qué poético?, las crisálidas de las mariposas. Demonizado el chocolate hoy por los dietistas —y demonizado en el pasado: se creía que comer mucho chocolate cambiaba el color de la piel, y la célebre marquesa de Sévigné, adoradora de este manjar, le cuenta a su hija en una carta que la marquesa de Coëtlogon por comer mucho chocolate había dado a luz a un niño negro, el don de México al mundo siempre ha tenido sus defensores. Entre ellos los grandes gastrónomos franceses, como el propio Brillat-Savarin y Charles Monselet, el autor de *Lettres gourmandes,* que, al igual que el príncipe de la gastronomía francesa, Curnonsky, comenzaba siempre el día con una taza caliente y espumosa de chocolate. También médicos y farmacéuticos, quienes llegaron a considerar al chocolate como un antídoto (y es así que, en *La cartuja de Parma,* Stendhal nos cuenta que a Fabricio del Dongo, para neutralizar el veneno que le dio Clélia, le recetan pan con chocolate) y, como además estuvo de moda utilizarlo como vehículo de numerosos medicamentos para quitarles el mal sabor, uno podía comprar en la farmacia chocolates tónicos, analépticos y purgantes, chocolates antiespasmódicos, pectorales y vermífugos, y chocolates carminativos y antiflogísticos. Por último —alégrense chocolatófilos, chocolatívoros, chocolatómanos y chocoladictos—, según afirma Hervé Robert en su ya mencionado libro, basado en serias pruebas científicas, el chocolate *no* estriñe, *no* siempre engorda, *no* perjudica al hígado, *no* es de digestión difícil, *no* causa acné, *no* causa caries —a pesar de que le echaron siempre la culpa al chocolate de que la mencionada mujer del Rey Sol tuviera los dientes negros— y, aunque usted no lo crea —pero a usted, como a mí, nos conviene creerlo—, *no* aumenta el nivel del colesterol en la sangre...

De modo que podríamos exclamar, como el personaje de Goldoni en *La conversazione:*

> Viva pur la cioccolata
> e colui che l'ainventata!

POSTRES

DULCE DE CALABAZA

(4-6 personas)

1 k de calabaza / 1/2 k de azúcar morena o piloncillo / cáscara de naranja / canela

Se lava la calabaza y se le deja parte de las semillas. Se corta en pedazos, sin quitarle la cáscara. En un traste grande, a fuego regular, se pone el medio kilo de azúcar de caña morena o de piloncillo, un pedazo de cáscara de naranja y una cañita de canela, un litro de agua y la calabaza. Se sube la lumbre y, en cuanto hierva, se vuelve a bajar un poco. Si la calabaza se cuece pronto, se separa y se deja la miel hirviendo hasta que espese.

DULCE DE ZAPOTE PRIETO

(4 personas)

4 zapotes prietos de buen tamaño
el jugo de 3-4 naranjas / 2-3 cucharadas de azúcar
1 copa "tequilera" de jerez / canela

Se pelan los zapotes y se les quitan las semillas. Se hace un puré, apachurrándolos con un tenedor. Se agrega en tanto el azúcar y el jugo de naranja, para que el puré adelgace un poco (no demasiado). Se añaden por último la copa de jerez y la canela en polvo, al gusto.

CAPIROTADA
(5-6 personas)

250-300 g de pan seco rebanado
1/2 k de piloncillo / 150 g de manzana
canela entera / 75 g de queso cotija o añejo
100 g de pasas / 1 pedazo de cáscara de naranja

El pan se rebana el día anterior para que se seque y se endurezca. Se pone el medio kilo de piloncillo en una olla y se agregan dos tazas y media de agua. Se pone a fuego regular, con un pedazo de cáscara de naranja y una cañita de canela de dos o tres centímetros. Se vigila para que no se derrame. Cuando hierve, se baja el fuego y se deja unos cinco o diez minutos más. El pan se fríe en aceite y se escurre bien. Se parte la manzana, sin cáscara y sin corazón, y el queso, en trocitos o desmenuzado. En un traste refractario untado de mantequilla se pone una capa de pan y otra de manzana y, arriba, el queso y las pasas. Se cubre con otra capa de pan y se baña con la miel. Una vez que el pan se haya ablandado, se mete al horno por quince o veinte minutos, a una temperatura de 350°C.

DULCE DE TAPIOCA

(4-6 personas)

3 cucharadas de tapioca / 2 1/2 tazas de leche
1 clara de huevo batida / 2 yemas de huevo
1 taza de miel de maíz (Karo) / 1 pizca de sal
1 cucharadita de vainilla / 1 cucharada de azúcar

Se pone la leche en una cacerola, en baño María, con la tapioca, el azúcar y la pizca de sal a hervir unos ocho o diez minutos hasta que se espese y la tapioca quede cocida. Se agregan la miel y las yemas previamente batidas, moviendo rápidamente la tapioca para que no se pegue. Se aparta del fuego, se le agregan la vainilla y la clara —también batida antes a punto de turrón— y se vacía en un traste para enfriarla. Al momento de servirse se le puede agregar, al gusto, un poco de canela en polvo.

DULCE DE CAMOTE CON PIÑA
(4-6 personas)

400 g de camote / 400 g de piña fresca (pesada sin corazón) / 1/4 de taza de oporto o jerez dulce 1 taza de azúcar / 175 g de galletas Marías

Se lava muy bien el camote y se pone a hervir de 20 a 30 minutos hasta que se ablande. Se deja enfriar, se le quita la cáscara, se parte en pedazos y se muele poco a poco en la licuadora con la piña, a la que se le ha quitado el corazón. En un traste se pone una taza de azúcar y media taza de agua. Ya desbaratada el azúcar se pone a hervir unos cuatro minutos. Se deja enfriar. La mitad de este jarabe se agrega al camote y se revuelve bien. Al resto de la miel se le añade el oporto o el jerez y se revuelve. Allí se humedecen las galletas, una por una, que se colocarán en la parte de abajo y a los lados de un molde o traste refractario de unos 11 por 22 por 7 cm de fondo. Se añade una capa de la pasta de piña con camote, otra capa de galletas humedecidas también y otra capa de piña con camote, hasta finalizar con una capa de galletas. Se refrigera y se saca del molde al servirse.

GELATINA DE TUNA

(4-6 personas)

5 tunas grandes / 1 lata de leche condensada
3 cucharadas rasas de grenetina

Se licuan las tunas ya peladas —cuidado al pelarlas, no se vaya a espinar— con dos tazas de agua fría. Se cuelan y se calienta el resultado con lumbre mediana. Cuando suelta el hervor se agrega toda la leche, se retira del fuego y se deja enfriar un poco. La grenetina se disuelve en media taza de agua fría y se deja reposar. Una vez bien disuelta, se agrega a la mezcla de tuna y leche. Si la mezcla está un poco pálida, se le pueden añadir dos o tres gotas de color vegetal verde. Se vacía en un molde y se pone en el refrigerador a cuajar. Se puede adornar con un racimo pequeño de uvas en el centro, y otras uvas, o fresas, alrededor.

DULCE DE GUAYABA

(4-6 personas)

400 g de guayabas en almíbar (pesadas sin el jugo)
1/2 cucharadita de jugo de limón
1 lata de leche condensada / nuez moscada

Se parten las guayabas y se les quitan las semillas. Se pone en la licuadora la leche condensada, las guayabas, media cucharadita de jugo de limón y una pizca de nuez moscada. Se refrigera.

CHONGOS ZAMORANOS

(4 personas)

1 litro de leche entera / 5 gotas de cuajo
1 taza de azúcar (150 g aprox.) / 2 trozos de canela entera (5-7 cm cada uno)

Se pone la leche entera (es decir, sin descremar) a entibiar (30°C máximo). En una cuchara con un poco de agua se mezclan las cinco gotas de cuajo y se agregan a la leche. Se revuelve ligeramente y se deja en un lugar no frío durante varias horas o desde el día anterior hasta que cuaje bien la leche. Con un cuchillo, "se corta" la leche en cuadros grandes y se le pone la taza de azúcar, sin revolver, y la canela, esta última "enterrada" en la leche. La olla se coloca en fuego muy bajo por dos o tres horas, hasta que se hace la miel. El cuajo se vende en las farmacias, también en forma de pastillas.

FLAN DE COCO

(4 personas)

1 lata de leche condensada
100 g de coco rallado de pastelería / 3 huevos
4 cucharadas de azúcar / 1/2 cucharadita de esencia de vainilla

Se ponen cuatro cucharadas de azúcar en una sartén, a fuego mediano, hasta que se hagan caramelo. A veces se necesita un poquito de agua, que se mezcla al principio con el azúcar. Se vacía la leche en la licuadora y se le agregan tres cuartos de taza de agua. A uno de los huevos se le quita la clara, y la yema se echa en la leche junto con los otros huevos crudos enteros y la media cucharadita de vainilla. Se bate todo bien, se vacía en un traste y se le agrega el coco rallado. Se revuelve. Se precalienta el horno a 200°C. El caramelo se vacía en un traste de flan y encima la mezcla, despacio. Se deja en el horno de treinta a cuarenta y cinco minutos.

DULCE DE MANGO

(6 personas)

2 mangos (de 1/2 k cada uno, aprox.)
nuez moscada / 1 lata de leche condensada

Se lavan y se pelan los mangos. Se cortan en trozos pequeños y se mezclan con la leche condensada y media cucharadita de nuez moscada. Se pone en el refrigerador para enfriarse, y, al servirse, puede agregársele un poco más de nuez moscada.

DULCE DE ELOTE

(6 personas)

280-300 g de granos de elote de lata (sin líquido)
1 1/2 tazas de leche condensada azucarada

Se le quita el líquido a los granos de elote y se muelen en la licuadora con un poco de leche normal. Se prueba para ver si los granos se desbarataron bien y, si no es así, se vuelve a moler. Se le agrega la leche condensada y se muele de nuevo. Se coloca en un traste en el refrigerador. Se come bien frío. Conviene apartar una o dos cucharadas de granos de elote, para adornarlo, repartidos en la superficie del postre, al llevarlo a la mesa.

ARROZ CON LECHE
(4 personas)

1/2 taza de arroz (100 g, aprox.)
1 litro de leche entera (o sea, sin desgrasar)
1 cañita de canela (de unos 5 cm aprox.)
2 tazas de azúcar morena / 1 pizca de sal

Se ponen en una olla dos tazas de agua a hervir. Cuando suelta el hervor se le pone todo el arroz y una pizca de sal. Se baja la lumbre y se deja hervir por unos doce a quince minutos, o hasta que el agua se consuma. En otro trasto se ponen el litro de leche, el trozo de canela y el azúcar —se procura que no se derrame—, y cuando suelta el hervor, se le agrega el arroz, ya cocinado —se recomienda que esté un poco duro, no blando— y seco, o bien se le quita lo poco de agua que haya quedado, y se deja en la lumbre por una hora, a que se consuma casi hasta la mitad. Se menea con frecuencia. Si se sigue paso a paso esta receta, se obtendrá el mejor arroz con leche del mundo.

POS
TRES
CALIEN
TES

BUDÍN DE ZANAHORIA

(4-6 personas)

1 k de zanahorias / 2 huevos / 1 taza de azúcar
1 cucharadita de polvo de hornear
150 g de harina / 125 g de mantequilla
100 g de pasas / 1 cucharadita de esencia de vainilla / pan molido

Se pelan y se rallan las zanahorias. En un traste hondo se pone la mantequilla, la cual se bate bien con el azúcar. Luego se agregan los huevos y se vuelve a batir, junto con una cucharadita de esencia de vainilla. Se agrega la zanahoria rallada y se vuelve a batir bien. A la harina se le agrega la cucharadita de polvo de hornear. Se aparta una cucharada de esta mezcla para enharinar las pasas, y el resto se agrega a la otra mezcla. Se revuelven ambas mezclas, se agregan las pasas y se vacía todo en un molde refractario al que se ha untado mantequilla y espolvoreado con pan molido. Se coloca en el horno, precalentado a unos 250°C, por treinta o cuarenta minutos.

PLÁTANOS CON QUESO Y CREMA

(4 personas)

4 plátanos grandes / 100 g de queso Chihuahua
3 cucharadas de azúcar / 25 g de mantequilla
3 cucharadas de crema fresca

Se pone la mantequilla a calentar y derretir en una sartén. Se pelan los plátanos y se ponen a freír en la mantequilla a fuego mediano, por dos o tres minutos. Se voltean y se espolvorean con el azúcar. Unos minutos después se vuelven a voltear. Cuando ya están dorados, se agrega el queso en rebanadas delgadas encima de los plátanos y se tapan hasta que el queso se derrita, vigilando que no se quemen. Se baja la lumbre y se le agregan tres cucharadas de crema fresca, espesa.

PIÑA FLAMEADA AL TEQUILA

(4 personas)

8-12 rebanadas de piña de lata
1 cucharada grande de tequila
1 cucharada de mantequilla / azúcar morena

Se pone una sartén en la lumbre con una cucharada de mantequilla. Se escurren las rebanadas de piña y se guarda el almíbar. La piña se fríe en la sartén, por un solo lado, de tres a cuatro minutos con lumbre alta. Se voltean y se espolvorean con unas dos cucharadas de azúcar morena. Se deja freír otros tres o cuatro minutos. Se llena una cucharada grande de cocina con tequila blanco, y cuando está bien caliente, se enciende y se derrama con cuidado sobre la piña. Se añaden dos cucharadas del almíbar y, con lumbre más fuerte, se deja hervir por dos o tres minutos para que espese la salsa.

CREPAS CON CAJETA

Para la preparación de las crepas, véase la receta en la sección de "Entradas". Mientras están todavía calientitas, se les pone la cajeta, una cucharada por cada crepa. El resultado, una maravilla.

BEBIDAS CALIENTES

CAFÉ DE OLLA

(4-6 personas)

café molido / azúcar morena / 2 clavos
1 trozo de canela (de 3-4 cm, aprox.)

Los ingredientes del famoso café de olla varían según el gusto. Ésta es nuestra receta:

En una olla se pone un litro de agua y media taza de azúcar morena (60 g, aproxmadamente) y se coloca en la lumbre a hervir con el trozo de canela entera y los tres clavos. Se deja hervir unos tres minutos. Luego se agrega el café (cuatro cucharadas grandes) y en cuanto suelta el hervor se quita del fuego, se tapa y se deja reposar un poco. Antes de servirse se cuela, o se deja que se asiente y se sirve con cucharón de sopa.

CAFÉ IRLANDÉS A LA MEXICANA

Ésta es una bebida que se prepara como en el *Irish coffee,* pero sustituyendo el *whisky* por tequila.

café / azúcar / crema líquida / tequila blanco
canela en polvo

Se prepara el café. El tequila se calienta un poco en baño María para que no se enfríe el café. Se pone en cada copa una porción de tequila (aproximadamente cincuenta mililitros), una o dos cucharaditas de azúcar y el café. La crema se agrega poniendo una cucharita boca abajo y cuyo extremo apenas toque la superficie del líquido. La crema se deja resbalar lentamente por el lomo de la cucharita hasta que cubra la superficie. Al final se espolvorea un poco de canela sobre el café.

CAFÉ CON ROMPOPE

café / rompope *(vid.)*

La proporción por persona es, más o menos, un cuarto de taza de rompope y tres cuartos de taza de café. El rompope se pone antes en baño María para que no se enfríe el café.

PONCHE DE GRANADA

1 litro de agua / 1 taza de jarabe de granadina
1 taza de tequila blanco / 1 trozo de canela entera
1 granada fresca

El agua se pone a hervir con el jarabe de granadina y la canela, por cinco minutos. Se añade el tequila, se revuelve y se saca del fuego. Se sirve caliente, en una jarra, a la que se le vacían los granos de una granada fresca para adornar el ponche.

CÓC TE LES

En la preparación de algunos cocteles, las cantidades varían según el gusto de cada quien. En otras ocasiones nos referiremos a las "porciones".

MARGARITA

tequila blanco / controy (o *cointreau*) / limón

He aquí, sin duda, un coctel sumamente cosmopolita, pues según la leyenda fue inventado por un norteamericano en la bella ciudad mexicana de Taxco, y uno de sus principales ingredientes, como se muestra, es un licor muy francés. Las proporciones son: una porción de tequila blanco, una de controy y una y media de jugo de limón fresco. Se revuelven bien y se sirven en un vaso con hielo picado. Muchas personas "escarchan" la orilla del vaso con sal.

TEQUILA SUNRISE

tequila blanco / jugo de naranja
jarabe de granadina / amargo de Angostura

En un vaso largo, con hielo, se pone una porción de tequila blanco, una cuarta parte de porción de jarabe de granadina y tres porciones de jugo de naranja, más tres o cuatro gotas de amargo de Angostura. Se bate ligeramente. Si se quiere, puede escarcharse el vaso con azúcar y adornarse con una rodaja de naranja.

SANGRÍA CON FRUTAS

La sangría, una bebida de origen español (y cuyo nombre, desde luego, se deriva de "sangre"), es, como se sabe, una bebida de bajo contenido alcohólico. Para preparar unos ocho vasos se necesita:

1 botella de vino tinto (750 cl)
1 pera fresca, madura (100 g)
1 manzana fresca, madura (100 g) / azúcar
100 g de melón / 3 naranjas / 2 limones

Se mezcla el vino con el jugo de las tres naranjas y el de los dos limones, más el azúcar (cinco a siete cucharadas) y dos vasos de agua. Se revuelve bien. Pocos minutos antes de servirse, se le agregan las frutas, picadas en cuadritos. Puede ponerse menos agua y, al momento de servir cada vaso, agregar un poco de agua mineral gaseosa. Si se la desea más fuerte, puede agregarse un poco de vodka.

ROMPOPE

(1-1 1/2 litros)

1 litro de leche entera / 10 huevos
250 g de azúcar / 1 vaso de ron, brandy o vodka
colorante vegetal amarillo (opcional)
1 trozo de canela (2-3 cm)
1 pizca de bicarbonato de sodio
1 trozo de cáscara de naranja
4 granos de pimienta / 1 clavo

Se vacía la leche en una olla. Se le agrega la canela, los granos de pimienta, el clavo, la cáscara de naranja, el azúcar y la pizca de bicarbonato. Se pone en lumbre mediana para que hierva. En cuanto comienza a hervir se baja la lumbre y, sin dejar de menear constantemente, se deja por unos treinta y cinco minutos más. Se quita entonces de la lumbre y se cuela para quitarle la pimienta, la canela, el clavo y la cáscara de naranja y se enfría, sin dejar de menearla constantemente. Se separan las yemas de los diez huevos (las claras no se utilizan), se baten muy bien y, cuando la leche ya está fría, ésta se vacía poco a poco en el traste de las yemas, sin dejar de batirlas. La mezcla se regresa a la primera olla, que se pone en lumbre baja hasta que espese, pero no se deja que vuelva a hervir. Cuando alcanza la textura de una crema, se quita de la lumbre y se deja enfriar, nuevamente sin dejar de menearla. Se agrega el alcohol (ron, coñac o vodka al gusto) y, si las yemas no salieron de color fuerte, unas gotas de colorante vegetal amarillo. Se guarda en botella y se refrigera para tomarlo frío.

PONCHE DE CIRUELA PASA

(1 litro)

8 ciruelas pasa (60 g aprox.)
3/4-1 taza de ron blanco / 6 cucharadas
de azúcar morena (80-90 g) / limón (opcional)
1 trozo de canela entera de 3 cm / 2 naranjas
canela en polvo

Se ponen a hervir, en un litro de agua, las ciruelas pasas, el trozo de canela y dos o tres pedacitos de cáscara de naranja, por unos diez minutos. Se agregan entonces las cucharadas de azúcar y se deja hervir otros cinco minutos. Al final, se agrega el ron (tres cuartos de taza, o un poco más), el jugo de la naranja de la que se tomaron los pedazos de cáscara. Se deja reposar dos o tres minutos y se vacía en una jarra, para servirse caliente, adornándose con rebanadas de la otra naranja, cortadas con cáscara. Al servirse en cada vaso se le puede agregar una pizca de canela en polvo y un chorrito de limón al gusto.

SUGERENCIAS DE MENÚS

Cuando hicimos el libro en París, incluimos una lista de menús para darle una idea a los franceses de cómo combinar algunos platillos y qué elegir para el invierno —que es muy, pero muy frío— y para el verano, que es muy pesado. Esto no necesitamos decírselo a los mexicanos, y, además, en una gran parte de la República Mexicana el clima no es tan extremoso. Sin embargo, creo que no salen sobrando algunas sugerencias…

5 MENÚS DE "FONDA"

1) Arroz a la mexicana / ropa vieja / capirotada
2) Moros y cristianos / albóndigas en chipotle / dulce de calabaza
3) Arroz con maíz y pimientos / entomatado de res / chongos zamoranos
4) Sopa de frijoles / tortitas de carne deshebrada / dulce de guayaba
5) Sopa de fideos / calabacitas con carne de puerco / dulce de tapioca

3 MENÚS DE VERANO

1) Gazpacho a la mexicana / ensalada de pepino y naranja / dulce de mango
2) Sopa fría de aguacate / albondigón / dulce de camote con piña
3) Sopa fría de mango / salpicón / flan de coco

3 MENÚS DE INVIERNO

1) Crema de cilantro / mixiotes de conejo / piña flameada al tequila
2) Sopa de gota / pescado a la veracruzana / budín de zanahoria
3) Caldo de habas / tinga de pollo / plátanos con queso y crema

3 MENÚS VEGETARIANOS

1) Crema de zanahorias / chiles anchos rellenos de queso / frijoles
2) Crema de espinacas / rajas con crema / lentejas con fruta
3) Ensalada de calabacitas / tortitas de coliflor / frijoles

8 GRANDES MENÚS DE LA COCINA TRADICIONAL

1) Crema de flor de calabaza / chiles en nogada / frijoles
2) Sopa de tortilla / mole verde / frijoles
3) Caldo tlalpeño / manchamanteles / frijoles
4) Ceviche / arroz con maíz y pimiento / moronga en salsa verde
5) Tacos dorados de pollo / arroz a la mexicana / mixiotes de conejo
6) Chayotes rellenos de queso / enchiladas de mole / frijoles
7) Ensalada de nopales / pollo con yogur y chipotle / frijoles
8) *Mousse* de aguacate / tamales de Oaxaca / frijoles

GRAN MENÚ DE NOCHEBUENA

Bacalao a la vizcaína / romeritos con tortas de camarón seco / ensalada de Nochebuena / capirotada / ponche de granada

GRAN MENÚ DE FIN DE AÑO

Coctel de camarones / manchamanteles / ensalada de pepino y naranja / crepas con cajeta / café irlandés a la mexicana

4 PLATILLOS ÚNICOS

Al igual que la paella valenciana, algunos platillos mexicanos son tan sustanciales, que uno solo es suficiente para disfrutar un banquete (lo que no impide, desde luego, comer una ensalada refrescante antes o después).

1) **Queso relleno**
2) **Cochinita pibil (que se puede acompañar con arroz, frijoles y guacamole)**
3) **Pozole blanco**
4) **Pancita**

GRAN MENÚ A BASE DE MAÍZ

Crema de elote / arroz con maíz y pimiento / tamal de cazuela / dulce de elote

UN MENÚ CASI TEXMEX

Ensalada mexicana / chili con carne / sincronizadas

2 MENÚS INFORMALES Y RÁPIDOS

1) Volovancitos con guacamole / molletes
2) Coctel de aguacate con salsa Acapulco / *omelette* a la mexicana

4 SUGERENCIAS PARA EL DESAYUNO

1) Ligero: tamales dulces
2) Menos ligero: huevos con chorizo
3) Mediano: chilaquiles
4) Huevos ahogados o huevos rancheros (acompañado, el desayuno, con café, chocolate, té o atole)

4 MENÚS DE COLORES DIFERENTES

Para seguir con una tradición literario-culinaria de gran prestigio... Des Esseintes, el protagonista del escritor Huysmans en su novela *À rebours,* imaginó un menú de colores fúnebres; el poeta francés Apollinaire, en su cuento *L'Ami Méritarte,* creó un menú rojo, y otro blanco "lírico"; Hitchcock ofreció en una ocasión un menú azul, y el chef Escoffier, del Hotel Savoy, preparó un célebre menú rojo. Por nuestra parte, nosotros proponemos:

MENÚ DE COLORES SOMBRÍOS

Sopa de frijoles / ensalada de betabel / mole poblano / dulce de zapote prieto

MENÚ DE COLOR VERDE

***Mousse* de aguacate / crema de espinacas / mole verde / gelatina de tuna**

MENÚ ENTRE AMARILLO Y NARANJA

Ensalada de pepino y naranja / crema de zanahorias / lengua en cacahuate / dulce de guayaba

MENÚ DONDE CADA PLATILLO TIENE LOS TRES COLORES DE LA BANDERA MEXICANA

(Como el menú que le dictaba el emperador Maximiliano a su secretario Blasio camino a Cuernavaca, en la famosa novela *Noticias del Imperio*).

Sopa: crema de espinacas (el verde de las espinacas, el blanco de una cucharada de crema al centro, el rojo de unas rajitas de pimiento rojo sobre la crema). Se acompaña con vaso de agua de melón verde.

Ensalada de nopales (el verde de los nopales, el blanco de la cebolla y el queso añejo, el rojo del jitomate). Se acompaña con un vaso de horchata de arroz.

Plato de resistencia: chiles en nogada (el verde de los chiles, el blanco de la salsa de nuez, el rojo de los granos de granada). Se acompaña con un vaso de agua de jamaica.

Postre: una rebanada de sandía.

BREVE (PERO SUCULENTA) BIBLIOGRAFÍA

En lo que concierne a la cocina mexicana, le recomendamos los siguientes libros para el enriquecimiento de sus conocimientos y el alimento de su espíritu.

Como aperitivos

García Rivas, Heriberto, *Dádivas de México al mundo,* Excélsior, México, 1965.

Long-Solís, Janet, *Capsicum y cultura. Historia del chile,* FCE, México, 1986.

Novo, Salvador, *Cocina mexicana* o *historia gastronómica de la Ciudad de México,* Porrúa, México, 1979.

Como entradas

Atlas cultural de México, gastronomía, SEP/INAH, Planeta, México, 1988.

Calvino, Italo, *Sous le soleil jaguar,* Seuil, París, 1986.

Castelló Yturbide, Teresa, *Presencia de la comida prehispánica,* Banamex, México, 1987.

Como platos fuertes

Bedolla, Ana Graciela, y Juan E. Venegas, *La comida en el medio lacustre,* Centro Comunitario Culhuacán, México, 1990.

Chapa, Martha, *La cocina mexicana y su arte,* Everest, México, 1988.

Cuisine mexicaine, C. I. L. Vie Practique / Cuisine, Hong Kong, 1985.

De Lille, Marisa, y Karlo Aijala, *Cocina vegetariana estilo mexicano,* Alpe, México, 1990.

El mar en cacerola. Recetario popular de pescados y mariscos, Secretaría de Pesca, México, 1984.

Fernández, Adela, *La tradicional cocina mexicana y sus mejores recetas,* Panorama, México, 1986.

Gabilondo, Aída, *Mexican Family Cooking,* Fawcett Columbine, Nueva York, 1986.

Gironella De'Angeli, Alicia, y Jorge De'Angeli, *Gran libro de la cocina mexicana,* Larousse, México, 1988.

Hansen, Barbara, *Mexican Cookery,* H. P. Books, Tucson, Arizona, 1980.

Kennedy, Diana, *The Art of Mexican Cooking,* Bantam Books, Nueva York, 1980. [Edición en español: *El arte de la cocina mexicana,* Diana, México, 1994.]

López, Isabella, *Mexican Cooking,* Cavendish House, Londres, 1983.

Manual del cocinero, dedicado a las señoritas mexicanas (ed. facsimilar), Porrúa, México, 1856.

Martínez, José A., y Elviro Hidalgo, *Cocina mexicana,* Everest, León (España), 1987.

Navarro Béker, Fernando, y César Padilla Muñoz, *La cocina mexicana,* Gráfica Color, México, 1990.

Ortiz Lambert, Elizabeth, *The Complete Book of Mexican Cooking,* Bantam Books, Nueva York, 1967.

Quintana, Patricia, *The Taste of Mexico,* Stewart, Tabori and Chang, Nueva York, 1986.

Retana, Betty, *La cocina de doña Ventura,* Continental, México, 1963.

Stoopen, María, *El universo de la cocina mexicana,* Fomento Cultural Banamex, México, 1988.

Sunset Mexican Book, Lane Publishing, California, 1980.

Van Rhijn, Patricia, *La cocina del maíz,* prólogo de Miguel León-Portilla, Armida, México, 1990.

Velásquez de León, Josefina, *Platillos regionales de la República Mexicana,* Diana, México, 1987.

Vera, María Cristina, *225 recettes de cuisine mexicaine,* Jacques Granchered, París, 1989.

Y la comida se hizo…, 8 t., obra colectiva, Trillas, México, 1984 y años siguientes.

Como postres

Zolla, Carlos, *Elogio del dulce. Ensayo de la dulcería mexicana,* FCE, México, 1988.

… y también para enriquecer sus conocimientos y alimentar su espíritu (por fortuna el espíritu no tiene colesterol) en lo que concierne a la gastronomía en general y a la literatura y la teoría culinarias en particular, le recomendamos:

Como aperitivos

Aron, Jean-Paul, *Le Mangeur du* XIX*e siècle,* Payot, París, 1989.

Brillat-Savarin, Anthelme, *Physiologie du goût,* prólogo de Roland Barthes, Hermann, París, 1975 (Colección Savoir).

Brillat-Savarin, Anthelme, *Physiologie du goût,* prólogo de Jean-François Revel, Flammarion, París, 1982.

Castelot, André, *L'Histoire à table,* Librairie Académique Perrin, París, 1972.

Grimod de la Reynière, Alexandre Balthazar Laurent, *Écrits gastronomiques,* Union Générale d'Éditions, París, 1978.

Guillemard, Colette, *La Fourchette et la plume,* Carrère, París, 1988.

Guy, Christian, *Histoire de la gastronomie en France,* Nathan, París, 1985.

Luján, Néstor, *Historia de la gastronomía,* Plaza y Janés, Barcelona, 1988.

Onfray, Michel, *Le Ventre des philosophes,* Figures Grasset, París, 1989.

Reyes, Alfonso, *Memorias de cocina y bodega,* FCE, México, 1989.

Toussaint-Samat, Maguelonne, *Historie naturelle et morale de la nourriture,* Bordas, París, 1987.

Como entradas

Benavides-Barajas, *La cocina del aguacate,* Everest, México, 1989.

Boxer, Arabella, y Philippa Back, *The Herb Book,* Octupus Books, Londres, 1983.

Comby, Bruno, *Délicieux insectes. Les protéines du futur…,* Éditions Jouvence, Ginebra, 1990.

Iglesias, Pilar, *El libro del tomate,* Alianza, Madrid, 1988.

Como platos fuertes

Capatti, Alberto, *Le Goût du nouveau. Origines de la modernité alimentaire,* Albin Michel, París, 1989.

Coffe, Jean-Pierre, *Le Vrai vivre,* París, Belfond / Le Pré aux Clercs, 1989.

Fischler, Claude, *L'Homnivore,* Odile Jacob, París, 1990.

Goody, Jack, *Cuisines, cuisine et classes,* Centre G. Pompidou, París, 1984.

La Reynière [pseudónimo de Robert Courtine, que no debe ser confundido con Grimod de la Reynière], *Autour d'un plat,* antología, dibujos de Desclozeaux, Le Monde Éditions, París, 1990.

L'Imaginaire des nourritures, textos reunidos y presentados por Simon Vierne, Presses Universitaires de Grenoble, 1989.

Nierinck, Edmond, y Jean-Pierre Poulain, *Histoire de la cuisine et des cuisiniers,* Éditions Jacques Lanore, Malakoff, 1988.

Nourritures. Plaisirs et angoisses de la fourchette, Autrement, París, 1988 (Série Mutations).

Pitte, Jean-Robert, *Gastronomie française. Histoire et géographie d'une passion,* Fayard, París, 1991.

Revel, Jean-François, *Un Festin en paroles. Histoire littéraire de la sensibilité gastronomique de l'Antiquité à nos jours,* Suger, Francia, 1985.

Como platos fuertes (de digestión lenta):

Châtelet, Noëlle, *Le Corps à corps culinaire,* Seuil, 1977.

Lévi-Strauss, Claude, *Le Cru et le cuit. Mythologiques I,* París, Plon, 1964. [Edición en español en el FCE: *Lo crudo y lo cocido.*]

———, *L'Origine des manières de table,* Plon, París, 1968.

Como platos fuertes de consulta

Carrier, Robert, *Great Dishes of the World,* Sphere Books, Londres, 1970.

———, *The Robert Carrier Cookbook,* Sphere Books, Londres, 1970.

Dumas, Alexandre, *Grand dictionnaire de cuisine,* Henry Veyrier, sin fecha, edición moderna.

Neiger, E., *Dictionnaire gastronomique pour la traduction et l'explication des menus en 5 langues,* E. Neiger, 1972.

New Larousse gastronomique, Hamlyn, Londres, 1978.

Simon, André L., *A Concise Encyclopedia of Gastronomy,* Penguin, Londres, 1952.

Como frutas frescas

Flamia, Monique, *Mes meilleures recettes de kiwi et autres fruits et légumes exotiques,* Éditions Entente, París, 1986.

Guillaume, Monique, e Yvonne de Blaunac, *La Passion des fruits exotiques et des légumes,* Flammarion, París, 1989.
Possemiers, René, *Fruits exotiques,* Chantecler, Bélgica, 1988.
Vergne, Elisa, *Recettes aux fruits exotiques,* Éditions CIL, sin fecha.

Como postres

Fonteneau, Jean-Marie, *Le Chocolat et sa cuisine,* Dargaud, Francia, 1982.
Jolly, Martine, *Le Chocolat: une passion dévorante,* Robert Laffont, París, 1983.
Schiaffino, Mariarosa, *Chocolates* y *bombones,* Mondibérica, Madrid, 1986.

Como digestivo

Roben, Hervé, *Les Vertus thérapeutiques du chocolat,* Éditions Artulen, París, 1990.

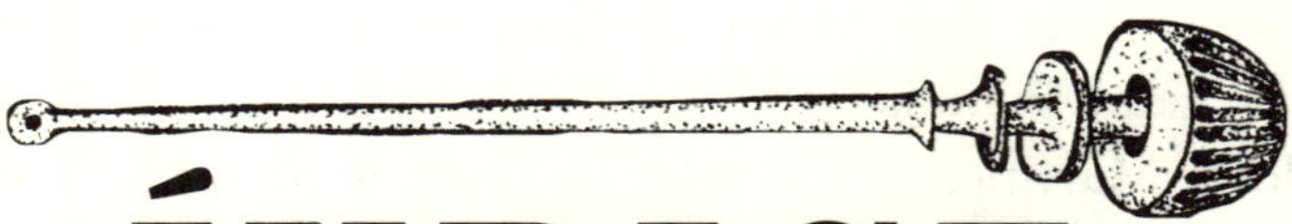

ÍNDICE

Las recetas

La cocina mexicana de Socorro y Fernando
del Paso se terminó de imprimir y encuadernar
en octubre de 2016, en Impresora
y Encuadernadora Progreso, S. A. de C.V. (IEPSA),
calzada San Lorenzo, 244; 09830 Ciudad
de México. El tiro consta de 8 200 ejemplares.